불안은 어떻게 삶의 무기가 되는가

불안은 어떻게 삶의 무기가 되는가

초판 1쇄 인쇄 _ 2025년 8월 10일
초판 1쇄 발행 _ 2025년 8월 15일

지은이 _ 염두연

펴낸곳 _ 바이북스
펴낸이 _ 윤옥초
책임 편집 _ 김태윤
책임 디자인 _ 이민영
책임 영상 _ 유명주

ISBN _ 979-11-5877-394-6 03180

등록 _ 2005. 7. 12 | 제 313-2005-000148호

서울시 영등포구 선유로49길 23 아이에스비즈타워2차 1005호
편집 02)333-0812 | 마케팅 02)333-9918 | 팩스 02)333-9960
이메일 bybooks85@gmail.com
블로그 https://blog.naver.com/bybooks85

책값은 뒤표지에 있습니다.

책으로 독자의 성장을 돕고 아름다운 세상을 만듭니다. — 바이북스

미래를 함께 꿈꿀 작가님의 참신한 아이디어나 원고를 기다립니다.
이메일로 접수한 원고는 검토 후 연락드리겠습니다.

우리를 성장시키고 우리를 자극하며,
불확실성 속에서 길을 안내하는 불안에 대하여

불안은 어떻게 삶의 무기가 되는가

염두연 지음

프롤로그

불안을 마주하는 우리의 이야기

불안은 삶을 살아가는 우리 맘속 깊이 자리 잡은 감정 중 하나입니다. 그렇기에 불안은 사람의 마음을 흔들고, 그 정도가 심할 경우 인생을 잠식해버리기도 하죠. 하지만 중요한 사실이 있습니다. 그건 바로 불안이 우리를 괴롭히기 위해 존재하는 감정이 아니라는 것입니다. 불안이 존재하기에 우리는 살아있음을 느끼고, 때로는 이를 원동력 삼아 더 나은 삶으로 나아가기도 합니다. 즉 다른 감정과 마찬가지로 불안 역시, 그 주인인 우리가 어떻게 활용하느냐에 따라 가치가 달라질 수 있는 훌륭한 에너지원이라고 볼 수 있는 것입니다.

불안의 사전적 정의는 무엇일까요? 불안은 '예측할 수 없는 미래나 통제 불가능한 상황에서, 그리고 예상치 못한 변화 앞에서 우리 마음속에 일어나는 감정'입니다. 그러니 심리적인 측면에서 보았을 때, 불안은 일종의 위험 경고의 기능을 하는 감정일지도 모릅니다. 문제는 그 정도가 심할 시, 일상생활이 힘들 정도로 우리 삶을 압박할 수 있다는 것인데요. 현대는 특히나 소셜 미디어의 발달과 경쟁문화로 인해, 타인과 자신을 비교하며 더 쉽게 불안에 사로잡히는 일이 빈번하게 일어나고 있습니다. 단순히 개인의 문제를 넘어 사회적 현상으로 다루어질 정도로 말이죠.

조금 전에 이야기했듯 불안은 걱정과 두려움으로부터 비롯됩니다. 통제력의 결여와 불확실성으로부터 비롯되기에 구체적인 위협이나 이유가 없더라도 삶을 좀먹는 원흉이 되곤 하는 것이죠. 인간은 본능적으로 예측 가능성과 안정감을 통해 불안을 줄이려 하니까요. 하지만 언제나 그렇듯, 현실은 우리의 기대와 일치하지 않습니다. 즉 불안은 피하고 싶다 하여 피할 수 있는 감정이 아니라는 뜻입니다. 그러니 우리는 불안을 없애기 위해 집중할 것이 아니라, 불안을 삶의 일부로 받아들여 더 나은 미래를 만들어가기 위해 힘써야 합니다.

고대 철학자들은 불안을 단순히 인간의 심리적 반응이 아니라,

인간 존재의 본질과 깊이 연결된 감정으로 해석했습니다. 그들은 불안을 인간의 이상적 세계와 현실 사이에서의 긴장으로 보며, 이를 통해 자신의 존재와 자유를 실감할 뿐만 아니라 죽음과 마주하게 되었을 때 갖게 되는 필연적인 감정이라 이해했습니다. 즉 불안을, 인간이 스스로의 존재를 이해하고 그 의미를 탐구하는 과정에서 반드시 경험해야 하는 감정이라 여긴 것이죠.

나는 무엇을 두려워하는가? 나는 무엇을 갈망하는가? 나는 어떤 상황에서 가장 큰 불안을 느끼는가? 불안은 우리에게 이러한 질문을 던져줌으로써 내면의 풍경을 볼 수 있게 해줍니다. 내가 직시하지 못하던 내면을 보여주는 거울로써의 역할을 하는 것이죠. 그렇기에 불안은 우리의 진정한 자아를 발견할 수 있게 해주며 더 나은 삶을 위한 선택을 도와주는 도구인 것입니다.

이 책은 불안을 이해하고 받아들이는 여정으로 여러분을 안내할 겁니다. 그 여정을 통해 우리 내면의 진정한 목소리를 들을 수 있도록 돕고, 불안을 성장과 성찰을 위한 도구로 활용할 수 있는 방법을 제시하고자 합니다.

《불안은 어떻게 삶의 무기가 되는가》는 불안과 함께 살아가는 길을 찾고자 하는 모든 이들에게 지혜와 위로를 선사하는 여정이 될 것입니다. 부디 이 책이 여러분께 새로운 시각으로 불안을 바라보고 그 안에서 성장의 기회를 발견하는 데에 도움이 되길 소망합니다.

2024. 10월
무더운 여름을 '불안'과 함께 성장하며

염두연

차례

프롤로그 불안을 마주하는 우리의 이야기 4

제1부 불안의 근원
철학과 심리학이 바라보는 불안이란

철학의 관점으로 바라본 불안
고대 철학은 불안을 어떻게 정의했을까 16
실존적 불안의 탄생, 키에르케고르와 하이데거 19

불안에 대한 새로운 차원을 열어준
프로이트의 이론과 정신분석 치료
프로이트가 말한 불안의 3가지 유형 23
떼려야 뗄 수 없는 불안과 억압의 관계 27

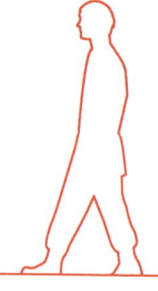

심리학의 관점으로 바라본 불안
스피엘버거의 상태 – 특성 불안 이론은 왜 중요한가 31
불안을 설명하기 위한 중요한 2가지, 행동주의와 인지적 접근 35

애착 이론과 불안의 관계
애착 유형은 불안에 어떤 영향을 미칠까 42

사회 구조와 문화적 맥락은 불안에 어떤 영향을 미칠까
사회 구조에 의해 나타나는 불안 48
문화적 맥락에 의해 나타나는 불안 50
집단 불안은 어떻게 만들어졌으며 현대에서는 어떻게 표현될까 53

제2부 문학, 예술, 미디어에 나타난 불안의 모습

고전 문학에 등장하는 불안한 존재들
도스토옙스키의 작품에 나타난 죄의식과 불안 60
카프카의 작품 속에 나타나는 소외와 부조리의 불안 63

현대 문학에서 나타나는 불안의 실체
알베르 카뮈와 부조리의 불안 68
버지니아 울프가 작품 속에 담아낸 인간 내면의 불안 72

시(詩) 속에 드러나는 불안의 정서
불안을 시적으로 표현한 엘리엇과 플라스 77

불안을 바라보는 한국 문학의 시선
한국 문학에서의 불안의 시선 82

시각적으로 표현된 '불안'의 모습
회화에서의 불안: 뭉크와 고흐 88
현대 미술과 불안의 상징 93

음악 속에 드러난 불안의 소리
클래식 음악에서의 불안: 베토벤과 말러 99
현대 음악과 불안의 리듬 103

영화 속에 드러난 불안의 심리학
히치콕과 불안의 시네마 107
현대 영화에서의 불안한 풍경 111

연극과 불안의 극적 표현
비극과 불안의 연극적 해석 116
현대 연극과 사회적 불안 120

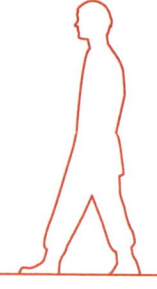

불안의 대중문화적 해석
불안과 디스토피아적 상상력 125
소셜 미디어에서의 불안 증폭 129

불안을 표현하는 디지털 아트의 방식
뉴미디어 예술에서의 불안 탐구 133
가상 현실과 불안의 새로운 지평 137

언어의 불확실성과 불안
언어의 양면성에 대하여 141
불안한 소통의 문학적 분석 146

제3부 불안과의 공존
현대인의 삶과 치유의 여정

현대사회에서 우리가 느끼는 불안에 대하여
기술 발전, 그리고 넘쳐나는 정보들 152
불안 관리와 디지털 균형 155
소셜 미디어와 비교 불안 159

경쟁 사회와 성취에 대한 압박이 주는 불안
학교와 직장은 불안의 장場 163
자아와 성취 간의 갈등 167

집단적 트라우마와 불안
코로나 팬데믹은 우리에게 어떤 불안을 안겨주었나 173
자연재해와 집단 불안 177

불안과 창의성의 묘한 관계
불안은 어떻게 창의성을 자극할까 183

불안은 인간에게 어떤 긍정적 역할을 하는가
경고 신호로서의 불안 188
불안을 성찰의 도구로 활용하기 192

불안을 극복하기 위한 심리 치료법
인지행동치료는 어떤 효과가 있을까 196
명상과 마음챙김의 역할 204

종교는 어떻게 불안과 공존하는 힘을 줄까
영적 접근을 통한 내면의 평화 찾기 210
종교적 생활과 불안 해소 213

예술이 어떻게 불안을 치료할 수 있을까
미술로 치료하는 불안 216
미술치료의 실질적인 효과 219

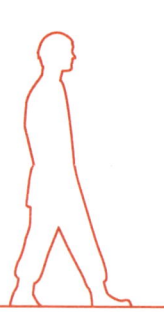

글쓰기와 문학이 어떻게 불안을 치료할 수 있을까
불안을 다루는 글쓰기 224
내면의 거울이 되어주는 문학 치료 228

사회적 지지가 불안에 미치는 영향
불안을 감소해주는 공동체의 힘 232
없어서는 안 될 가족과 친구의 역할 238

불안에 대한 심리상담가의 역할
올바른 상담가의 역할과 자세 244

불안 잘 데리고 살기
불안을 효율적으로 다루는 5가지 방법 253
불안과 건강하게 공존하기 위한 8가지 불안 관리법 257

에필로그
불안의 탐구, 자기다움을 찾아가는 아름다운 여정 262

제1부

불안의 근원
철학과 심리학이 바라보는
불안이란

"당신은 왜 불안한가요?"
불안은 감정이 아니라, 존재가 자신을 잊지 않기 위해 내는 신호다.

철학의 관점으로
바라보는 불안

"내가 누구인지 모를 때, 불안은 태어난다."

● 키에르케고르

고대 철학은 불안을 어떻게 정의했을까

우리는 자주 '불안'이라는 감정과 마주친다. 이 감정은 마치 그림자처럼 우리를 따라다니며 때로는 우리를 괴롭히기도 한다. 현대인들은 불안한 감정으로 인해 다양한 정신질환을 호소하기도 한다. 급변하는 시대를 쫓아가지 못해 '나만 뒤처지는 것 아닐까.' 하는 조급함도 모두 불안함의 일부다. 하지만 불안은 우리가 살아있음을 증명하는 신호이기도 하다. 불안은 우리에게 위험을 미리 알려주고, 우리가 더 나은 선택을 하도록 도와준다. 또한 더 철저한 준비로 성공적인 결과를 얻을 수 있도록 건강한 긴장감을 안겨주기도 한다. 그러나 이 불안이 너무 심해지면 생활에 지장을 받고 원하는 미래를 얻지 못하게 될 수도 있다. 그렇다면 불안이란 무엇일까. 이 책에서는 불안이라는 감정의 실체에 대해 깊이 있게 탐구해보려고 한다. 불안에 대한 심도 있는 이해는 우리가 더 나은 삶을 살아가기 위해 그것을 무기로 삼을 수 있는 힘을 심어준다.

불안은 인간의 역사만큼이나 오래된 감정이다. 고대 철학자들은 인간이 느끼는 불안의 근원과 그 의미를 탐구하며, 인간 존재의 본질을 파헤쳤다. 고대 철학에서 불안은 단순한 두려움이나 걱정이 아니라, 인간이 필연적으로 마주하는 실존적 상태로 이해되었기 때문이다.

먼저 **플라톤**의 경우, 인간이 불안을 느끼는 이유를 '이데아론'을 통해 설명했다. 그는 이데아 세계, 즉 완전하고 영원한 진리의 세계가 존재하며, 인간의 영혼은 이 이데아 세계를 그리워하고 갈망한다고 보았다. 플라톤은 "인간은 제한된 현실을 살아가기에, 이데아 세계의 완전함을 알면서도 그것을 직접 경험할 수 없다. 이러한 갈망과 현실의 불일치에서 오는 긴장감이 바로 불안의 근원이다."라고 보았다. 즉 플라톤에게 있어 불안은 인간이 본질적으로 이상적 세계를 추구하지만, 그것을 성취할 수 없는 한계에서 비롯되는 감정이었다.

반면 **아리스토텔레스**는 인간이 불안을 느끼는 이유를 행복에우다이모니아과 연결지었다. 그는 인간이 본성적으로 행복을 추구하지만, 그 과정에서 다양한 장애물에 부딪히며 불안을 경험한다고 보았다. 아리스토텔레스는 덕아레테을 통해, 이성적으로 살아가며 중용을 지키는 삶이야말로 진정한 행복을 이룰 수 있는 길이라고 주장했다.

덕아레테은 아리스토텔레스의 저서 《니코마코스 윤리학Nicomachean Ethics》에 기반한 일반적인 해설이다. 이는 아리스토텔레스의 윤리학 사상을 집대성한 대표적인 작품으로, 덕과 중용, 그리고 행복 등의 개념에 대해 상세히 다루고 있다. 아리스토텔레스는 '덕을 실천하는 과정에서 마주하는 유혹이나 실패, 불확실성 등이 인간에게 불안을 가져다준다.'라고 보았다.

에픽테토스와 같은 스토아(도덕과 행복의 일치를 강조, 불안은 이기는 것이라고 봄) **철학자**들은 불안을 극복하기 위한 구체적인 방법론을 제시했다. 그들은 불안을 인간이 통제할 수 없는 외부 세계에 대한 집착에서 비롯된다고 보았다. 스토아 철학자들은 우리가 통제할 수 없는 것에 대해 걱정하는 대신, 우리의 태도와 반응을 통제하는 일에 집중해야 한다고 강조했다. 그들은 불안의 원인을 외부에서 찾기보다는 내면에서 찾음으로써 평온함을 얻고자 했다. 스토아 철학에서 불안은, 개인이 자신의 내면을 단련함으로써 극복할 수 있는 감정이었다.

에피쿠로스의 경우, 쾌락주의 철학을 통해 불안을 해소하는 방법을 탐구했다. 그는 인간이 불안을 느끼는 주요 원인으로 죽음에 대한 두려움과 신들에 대한 공포를 꼽았다. 에피쿠로스는 죽음이란 그 자체로 두려워할 필요가 없는 것임을 강조하며, "죽음은 우리와 아무런 관계가 없다. 우리가 존재하는 한, 죽음은 존재하지 않고, 죽음이 존재하는 순간 우리는 더 이상 존재하지 않는다"라고 말했다. 또한, 신들에 대한 공포를 버리고, 자연에 대한 이해를 통해 불안을 줄일 수 있다고 보았다. 에피쿠로스는 "불안은 잘못된 믿음과 무지에서 비롯된 것이며, 이를 이성적 성찰을 통해 해소할 수 있다."라고 주장했다.

이처럼 고대 철학자들에게 있어 불안은 인간 존재의 핵심적인 문제였다. 그들은 불안이 단순한 감정이 아니라, 인간이 스스로를 이해하고, 더 나은 삶을 추구하기 위해 마주해야 할 도전으로 보았다. 플라톤의 '이상과 현실의 괴리', 아리스토텔레스의 '덕과 행복의 추구', 스토아 철학의 '내적 평온', 그리고 에피쿠로스의 '죽음에 대한 이해'까지. 그들은 각각의 방식으로 불안을 해석하며 그 해결책을 모색했다. 그리고 이들의 사상은 오늘날에도 여전히 유효하다. 고대 철학자들이 제시한 불안의 원인과 해결 방법은 우리가 현대사회에서 경험하는 불안을 이해하고 극복하는 데 중요한 통찰을 제공한다. 고대 철학의 시각에서 볼 때, 우리는 불안을 통해 더 깊이 있는 자기 이해와 성찰을 이룰 수 있기 때문이다. 즉 불안은 우리가 극복해야 할 감정이 아니라, 우리를 성장으로 이끄는 중요한 계기인 것이다.

실존적 불안의 탄생, 키에르케고르와 하이데거

조금 전 살펴보았듯, 불안은 인간 존재의 본질과 깊이 연결된 감정이다. 19세기와 20세기 초반, 철학자 쇠렌 키에르케고르와 마르틴 하이데거 역시 불안을 '인간 실존의 근본적인 측면'으로 바라보았다. 이들은 불안을 단순한 심리적 상태로 보지 않고 인간이 자신의 존재와 자유, 그리고 죽음이라는 궁극적 현실과 마주할 때 경험하는 필연적인 감정으로 규정했다.

실존주의 철학의 선구자인 키에르케고르는 불안을 '인간이 자유를 인식할 때 느끼는 근원적 감정'이라고 보았다. 그의 대표작인 《불안의 개념》에서, 키에르케고르는 불안을 '인간이 자유의 가능성을 직면할 때 경험하는 것'으로 설명하고 있다. 키에르케고르에게 불안은 단순한 두려움이 아닌 더 근본적인 감정이었다. 두려움은 특정한 대상이나 상황에 대한 반응이지만, 불안은 그 자체로 어떤 구체적인 대상도 없는 상태에서 발생하기 때문이다. 불안은 인간이 무한한 가능성과 선택의 자유를 인식할 때, 그로 인해 생겨나는 불확실성과 함께 나타난다. 이때 불안은 오히려 인간이 자유롭다는 증거이자, 자유의 대가로 느껴야 하는 감정이라고 본 것이다. 키에르케고르는 이 불안을 '선택의 가능성에서 오는 어지럼증'이라고 표현했다. 인간은 무한한 가능성 속에서 어떤 선택을 해야 하는 존재이며, 그 선택이 자신의 운명을 결정짓는다는 사실을 인식할 때 불안을 느끼게 된다. 인생에서 일어나는 수많은 일 앞에서 우리는 선택을 하게 되고, 그때마다 '과연 이 선택이 옳을까? 이 선택으로 인해 더 나쁜 결과가 오면 어쩌지? 내 인생의 길이 완전히 바뀌면 어쩌지?'라는 불안함을 느끼는 것처럼 말이다. 수많은 영화와 책들이 인간의 이러한 불안감을 원천으로 만들어졌다. 우리는 불안이라는 감정 앞에서 끝없이 고뇌하고, 그것을 이해하고 이겨내기 위해 노력하는 것이다. 키에르케고르 역시 이 불안을 단순히 부정적으로만 보지 않았다. 오히려 그는 불안이 인간이 자신의 삶을 진정으로 살아가기 위해 직면해야 하는 필연적 과정이라고 보았다. 불안은 인간이 자신의 존재와 자유에 대해 깊이 성찰하고, 그 속에서 자기실현을 이룰 수 있는 길로 인도하는 감정이라 본 것이다.

20세기 초반, 마르틴 하이데거는 키에르케고르의 사상을 발전시켜 실존적 불안을 보다 심오한 철학적 맥락에서 탐구했다. 하이데거의 대표작 《존재와 시간》에서, 불안은 인간 존재의 본질을 이해하는 열쇠로 등장한다. 하이데거는 인간을 '현존재Dasein'로 정의하며, 이 현존재가 자신의 존재를 자각할 때 불안을 경험한다고 설명한다. 하이데거에게 불안은 '인간이 자신의 존재와 무無의 가능성을 직면할 때 발생하는 감정'이었다. 즉 이는 일상적인 두려움과 달리 특정한 대상이 없이도 느껴지는 불안으로, 인간이 자신의 근본적 불확실성과 유한성을 자각할 때 나타난다는 것이다. 하이데거는 특히 '죽음'을 중요한 주제로 삼았다. 그는 죽음이야말로 인간이 피할 수 없는 궁극적 현실이며, 불안은 이 죽음을 직시할 때 발생한다고 주장했다. 죽음은 모든 가능성이 사라지는 순간이자 현존재가 완전히 종결되는 지점이기 때문이다. 하이데거는 이러한 죽음의 불가피성을 인식하는 것이 불안의 근본적 원인이라고 보았다. 그러나 하이데거는 불안을 회피할 대상이 아니라, 존재를 이해하기 위한 필수적인 감정으로 여겼다. 불안을 통해 인간은 자신의 유한성과 본질적인 무력함을 자각하며, 그로 인해 더 진정성 있는 삶을 살아갈 가능성을 얻는다고 보았다. 불안이란 인간이 자신의 실존적 상황을 있는 그대로 받아들이고, 자기 존재의 의미를 탐구할 수 있도록 하는 원동력이라 여긴 것이다.

키에르케고르와 하이데거의 사상에서 불안이란, 인간이 자신의 실존적 조건과 마주할 때 경험하는 필연적인 감정이다. 즉, 우리가 인간이기 때문에 느낄 수 있는 자연스러운 감정이라고 본 것이다. 키에르케고르는 불안을 자유와 선택의 가능성에서 비롯된 감정으로 보았으며, 하이데거는 불안을 존재와 죽음이라는 궁극적 현실에 대한 자각에서 발생하는 것으로 이해했다. 두 철학자는 불안을 인간 존재의 필연적 동반자이자, 더 깊은 자기 이해와 진정한 삶으로 나아가기 위한 중요한 계기로 보았다. 그리고 이러한 실존적 불안의 개념은, 오늘날에도 여전히 우리에게 깊은 울림을 준다. 우리는 여전히 불안과 함께 살아가며, 그것을 통해 자신의 존재를 이해하고, 자신의 삶을 새롭게 조명할 기회를 얻는다. 두 철학자가 보았듯 '실존적 불안'은 우리가 자기 자신을 진정으로 이해하고 자유와 존재의 의미를 탐구하는 과정에서 피할 수 없는 감정이다. 그렇게 우리는 불안을 극복하는 것이 아니라 그것과 함께 살아가는 법을 배울 수 있는 것이다.

불안에 대한 새로운 차원을 열어준 프로이트의 이론과 정신분석 치료

"우리는 마음속에 숨겨진 두려움의 이름을 불안이라 부른다."

● 프로이트

프로이트가 말한 불안의 3가지 유형

지그문트 프로이트Sigmund Freud는 20세기 심리학의 기초를 닦은 인물로, 불안에 대한 그의 이론은 현대 심리학에서 중요한 위치를 차지하고 있다. 프로이트는 불안을 단순한 감정이 아니라, 인간 정신의 심층에서 발생하는 무의식적 갈등의 표현으로 보았다. 그의 불안 이론은 인간 심리의 복잡성을 설명하는 데 중요한 역할을 하며, 불안을 이해하는 데 새로운 차원을 열어주었다.

프로이트는 불안을 다음과 같은 3가지 유형으로 나누어 설명했다.

먼저 **신경증적 불안**Neurotic Anxiety**이다.** 신경증적 불안이란 '무의식적 충동이 의식으로 드러날 수 있다는 두려움'에서 비롯된다. 프로이트는 인간이 원초적 본능을 억제해야 하는 사회적 환경에서 살아가며, 이 과정에서 억압된 충동이 불안으로 나타난다고 설명했다. 때문에 신경증적 불안은 종종 이유를 알 수 없는 불안감으로 나타나며, 특정한 외부 원인 없이 발생한다. 이는 개인이 무의식적으로 자신의 충동을 억제하려 할 때, 그 충동이 의식으로 표출되는 것을 두려워하는 심리적 반응이다.

두 번째는 **현실적 불안**Realistic Anxiety**이다**. 현실적 불안은 외부 세계의 위협에 대한 반응으로 발생한다. 이는 우리가 위험이나 위협적인 상황에 직면했을 때 경험하는 불안으로, 합리적이고 실제적인 두려움에 기반한다. 예를 들어, 야생 동물을 마주하거나 위험한 상황에 처했을 때 느끼는 불안이 이에 해당한다. 현실적 불안은 생존을 위해 필요한 방어 기제로 작용하며, 실제 위험으로부터 자신을 보호하기 위한 필수적 감정으로 본다.

마지막 세 번째는 **도덕적 불안**Moral Anxiety**이다**. 도덕적 불안은 초자아Superego와 관련된 불안으로, 도덕적 기준이나 사회적 규범을 위반할 때 발생한다. 이는 우리가 잘못된 행동을 저질렀을 때 느끼는 죄책감이나 도덕적 기준에 부합하지 못할 때 느끼는 불안을 포함한다. 초자아는 우리가 사회화 과정을 통해 내면화한 규범과 도덕적 가치로, 이러한 초자아의 기준에 부합하지 못할 때 발생한다.

이처럼 프로이트는 불안의 근본적인 기원이 '무의식'에 있다고 보았다. 그의 정신분석 이론에 따르면, 인간의 정신은 크게 3가지 구조로 구성된다. 그 3가지는 바로 '이드Id' '자아Ego' '초자아Superego'이다. '이드Id'는 본능적 욕구와 충동의 자리이며, '자아Ego'는 이드와 현실 세계 사이의 중재자 역할을 한다. 그리고 '초자아Superego'는 도덕적 가치와 사회적 규범을 내면화한 부분을 말한다. 프로이트는 불안이 이 세 구조 사이의 갈등에서 발생한다고 이야기한다. 예를 들어 이드의 충동적인 욕구가 자아와 초자아의 규범에 의해 억압될 때, 이러한 억압이 무의식적으로 '불안'이라는 감정이 되어 표출된다는 것이다. 자아는 이드의 충동을 현실에 맞게 조정하려 하나, 때로는 이를 충분히 억제하지 못하거나 충돌을 해결하지 못할 때 불안을 느낀다. 즉 프로이트는 이와 같은 무의식적 갈등이 불안의 근본적 원인이라 본 것이다.

프로이트는 자아가 불안을 관리하기 위해 사용하는 다양한 방어기제를 제시했다. 이제 우리에게 익숙한 단어가 된 '방어기제'는 정확히 말하면, 불안을 줄이기 위해 무의식적으로 작동하는 심리적 전략들로, 자아가 무의식적 갈등을 해결하기 위해 사용하는 방법이다. 프로이트가 이야기하는 '자아가 불안을 관리하고 사용하는 주요 방어기제'는 크게 4가지로, 각각 '억압Repression' '부정Denial' '투사Projection' '전이Displacement'가 그것이다.

먼저 억압Repression의 경우, 불안의 근원이 되는 생각이나 감정을 무의식 속으로 억누르는 것을 의미한다. 이는 자아가 이드의 충동을 의식적으로 인식하지 못하게 하여 불안을 줄이는 역할을 한다. 두 번째 부정Denial의 경우, 현실의 위협적인 측면을 인정하지 않으려는 방어기제를 의미한다. 자아는 불안을 유발하는 현실을 무시하거나 왜곡함으로써 불안을 피하려 한다. 세 번째 투사Projection의 경우. 자신의 불안을 타인에게 전가하는 것을 의미한다. 자신이 느끼는 불안이나 죄책감을 다른 사람의 것이라고 생각함으로써 책임을 회피하려는 기제이다. 마지막 네 번째인 전이Displacement의 경우, 불안의 원인을 다른 대상에게로 전환하는 것이다. 예를 들어 직장에서 상사에게 느낀 분노를, 집에서 가족에게 푸는 경우가 이에 해당한다.

프로이트는 불안을 해소하기 위한 방안으로 '정신분석 치료'를 제안했다. 정신분석 치료는 무의식중에 억압된 감정이나 기억을 의식화함으로써 불안을 해소하는 것을 목표로 한다. 즉, 우리가 자각하지 못하는 이유로 느끼는 불안감을 직면하고 불안감을 떨쳐버릴 수 있도록 하는 것이다. 프로이트는 '자유연상(편안한 상태에서 마음속에 떠오르는 생각이나 감정을 자유롭게 이야기하는 기법. 무의식 속에 숨겨진 기억이나 감정을 발견함)' '꿈 분석(무의식의 반영인 꿈을 분석해 무의식 속에 숨겨진 욕구와 감정을 파악함)' '전이 분석(과거 경험, 감정, 사건을 치료자에게로 옮겨와 전이된 감정을 분석함)' 등의 기법을 통해 환자가 무의식적 갈등을 인식하고, 이를 통해 불안을 극복할 수 있도록 돕고자 했다. 그의 정신분석 치료는, 불안을 단순히 증상으로 취급하는 것이 아니라 그 근원을 탐구하고 해결하는 과정으로 보았다.

프로이트의 이러한 '불안 이론'은, 불안을 단순히 외부 자극에 대한 반응으로 보는 것을 넘어 인간의 무의식적 갈등에서 비롯된 복잡한 심리적 현상으로 해석했다. 그는 불안이 인간 존재의 근본적인 부분임을 강조하며, 이를 이해하고 다루는 것이 심리적 건강에 중요하다고 보았다. 그의 이론은 현대 심리학과 정신의학에 큰 영향을 미쳤으며, 불안을 이해하고 치료하는 데 중요한 기초를 제공했다. 이처럼 불안은 단순히 피해야 할 감정이 아니라, 우리가 자신의 내면과 마주하게 하는 중요한 신호이다. 프로이트의 이론은 우리가 불안을 이해하는 데 있어 깊이 있는 통찰을 제공하면서도 '불안'이라는 실체가 인간의 정신세계에 어떤 역할을 하는지 그 이해를 넓히는 데 크게 기여했다.

떼려야 뗄 수 없는 불안과 억압의 관계

지그문트 프로이트는 인간 정신의 깊은 곳에 숨겨진 무의식적 갈등이 불안을 일으킨다고 보았다. 그러므로 그의 이론에서 불안과 억압의 관계는 매우 중요하다. 억압은 불안이 발생하는 주요 메커니즘 중 하나로, 이는 무의식 속에 억눌린 욕망과 충동이 의식으로 드러나지 않도록 막으려는 자아의 방어기제이다. 그러나 이러한 억압이 완벽하게 성공하지 못할 때, 불안이 발생하게 된다. 앞서 보았듯, 억압은 프로이트의 정신분석 이론에서 중심적인 역할을 한다. 억압은 자아Ego가 사회적, 도덕적 기준과 충돌하는 원초적 본능과 욕망d을 의식하지 못하도록 무의식 속에 밀어 넣는 과정이다.

이 과정은 자아가 불안을 관리하는 방식 중 하나이다. 억압된 '감정' '충동' '기억'은 의식적으로는 인식되지 않지만, 무의식 속에서 여전히 영향을 미친다. 그리고 이때 나타나는 긴장과 갈등이 불안으로 표출될 수 있다.

프로이트에 따르면, 인간은 본능적 욕구와 사회적 규범 사이에서 갈등을 겪으며, 이 갈등이 해소되지 않으면 불안이 발생한다. 억압은 이러한 갈등을 처리하기 위해 자아가 사용하는 방어기제이지만, 억압된 욕망과 감정은 무의식 속에서 완전히 사라지지 않고 앞에서 말했듯 '꿈' '실수' '신경증적 증상' 등으로 표출된다. 이 과정에서 억압된 요소가 의식으로 떠오를 가능성이 있을 때, 자아는 불안을 경험하게 된다. 즉 불안은 이 억압된 내용이 의식으로 드러날 수 있다는 신호로 작용하는 것이다. 그리고 자아는 이러한 신호를 감지하면 더 강력한 억압을 시도한다. 그러나 억압된 내용이 더 강하고 반복될수록 불안도 더욱 강해질 수 있다. 결국 이는 신경증적 불안으로 이어지며, 개인의 심리적 안정감을 위협하게 된다.

억압이 완벽하게 작동하지 않을 때, 즉 억압된 욕망이나 충동이 강력하게 의식으로 드러나려 할 때 불안은 더욱 강해진다. 억압이 실패하면 억눌린 충동은 더 다양한 형태로 표출되며, 이때 자아는 '공포증' '강박증' '히스테리' 등 신경증적 증상으로 나타나는 '강한 불안'을 겪는다. 예를 들어, 내가 아는 한 사람이 어릴 때 동네 아저씨에게 납치되어 몇 시간이나 창고에 갇혔다가 풀려난 적이 있다.

이 사건으로 그녀에게는 강한 트라우마가 생겼는데, 이를 억압했다고 가정해보자. 이 트라우마는 무의식 속에 억눌려 있지만, 그녀는 자녀가 자란 후까지도 아이들이 약속된 시간까지 돌아오지 않거나 연락이 잘되지 않으면 불안감을 느낀다고 했다. 어릴 적 기억이 다시 떠오르려고 할 때 트라우마가 의식으로 드러나는 것을 막으려고 더욱 강하게 억압을 시도할 것이다. 하지만 트라우마의 힘이 너무 강할 경우, 불안은 더욱 심화되어 결국에는 신경증적 증상으로 표출될 수 있다. 실제로 그녀는 아이가 집에 잘 돌아왔는데도 계속해서 화를 내거나 악몽을 꾸는 등으로 그 불안감이 표출되기도 했다.

프로이트의 정신분석 치료는 이렇게 억압된 감정과 기억을 의식화함으로써 불안을 해소하는 것을 목표로 한다. 그리고 이 과정에서, 환자는 무의식 속에 억눌린 내용을 자유연상이나 꿈 분석을 통해 의식적으로 인식하게 된다. 이 과정을 통해 억압된 요소들이 의식으로 드러나고, 자아는 더 이상 이를 억압할 필요가 없게 되어 불안이 완화되는 것이다. 억압된 내용이 의식으로 드러날 때, 환자는 그것을 처리하고 수용할 수 있게 되어 그 결과 불안이 사라지거나 줄어든다. 어두운 방 안에서 아무것도 보이지 않아 느꼈던 막연한 불안감이, 불이 들어오는 스위치를 올리고 방이 환해지자 아무것도 아님을 의식하게 된 것처럼 말이다. 그렇게 자아는 더 이상 무의식적 갈등으로 인해 불안을 느끼지 않게 되고, 개인은 더 큰 심리적 안정을 얻게 되는 것이 바로 정신분석 치료다.

억압은 불안을 일시적으로 차단할 수 있다. 하지만 무의식 속에 억눌린 욕망이나 충동이 완전히 사라지지 않는 한, 불안은 언제든지 다시 나타날 수 있다. 결국 불안과 억압은 상호작용하며, 이 과정에서 인간의 정신은 끊임없이 갈등하고 조정한다. 프로이트의 이론은 우리가 불안을 이해하는 데 있어 억압된 감정과 무의식적 갈등이 얼마나 중요한 역할을 하는지를 잘 알려준다. 우리는 이를 통해 불안이 단순한 감정이 아니라, 인간의 심리적 구조와 깊이 연결된 복잡한 현상임을 이해할 수 있다.

심리학의 관점으로
바라본 불안

"불안은 통제할 수 없는 상황에서 오는 것이 아니라, 통제하려는 욕망에서 비롯된다."

● 알버트 엘리스

스피엘버거의 상태 – 특성 불안 이론은 왜 중요한가

　심리학에서 '불안'이라는 감정을 본격적으로 다루기 시작한 것은 19세기 말부터 20세기 초다. 이때부터 심리학자들은 불안의 원인과 증상을 연구하고, 이를 치료하기 위한 방법을 모색하기 시작했다. 불안에 대한 심리학적 연구는 '불안이 어떻게 발생하고 어떤 요인에 의해 유지되는지'에 대한 깊은 이해를 제공해왔다. 그중에서도 찰스 스피엘버거Charles D. Spielberger의 '상태–특성 불안 이론 State-Trait Anxiety Theory'은, 불안의 성격을 2가지 주요 범주로 나누어 설명한 중요한 이론이다. 이 이론은 불안을 '상태 불안'과 '특성 불안'으로 구분함으로써, 불안이 인간에게 어떻게 나타나는지와 그 지속성에 대한 명확한 틀을 제공했다.

먼저, 스피엘버거가 말하는 **'상태 불안**State Anxiety**'**이란 일시적인 감정 상태를 의미한다. 즉 상태 불안이란, '특정한 상황이나 자극에 반응하여 발생하는 일시적인 불안감'을 뜻한다. 이 상태 불안의 강도와 지속 시간은 상황에 따라 달라지는데, 예를 들어 중요한 시험을 앞두고 있거나 공공장소에서 발표를 해야 할 때 느끼는 불안이 상태 불안에 해당한다. 상태 불안은 환경적 요인에 의해 촉발되며, 그 상황이 끝나면 불안감도 감소하거나 사라진다. 이러한 상태 불안은 자율신경계의 반응을 통해 나타난다. 불안이 고조되면 '심장이 빨리 뛰거나' '호흡이 가빠지고' '손바닥에 땀이 나는' 등의 신체적 반응이 나타난다. 이처럼 상태 불안은 특정 상황에 대한 반응으로 나타나며, 시간이 지나면 자연스럽게 해소될 수 있는 일시적인 상태라고 할 수 있다.

반면 **'특성 불안**Trait Anxiety**'**의 경우, 개인의 성격적 특성에 기인한 지속적이고 일관된 불안 경향을 의미한다. 특성 불안은 특정 상황에 국한되지 않고 일상생활 전반에서 광범위하게 나타나는 불안감이다. 이는 불안을 쉽게 느끼는 경향성, 즉 개인이 얼마나 자주 불안을 경험하고 얼마나 쉽게 불안 상태에 빠지는지에 따라 다르게 나타난다. 만약 특성 불안이 높은 사람이라면 다른 사람이 전혀 불안감을 느끼지 않는 일상적인 상황에서도 쉽게 불안을 느낀다. 그리고 그 불안이 상태 불안으로 쉽게 전환될 수 있다. 예를 들어 특성 불안이 높은 사람은 '일반적인 사회적 상황'에서도 불안을 느끼고, '사소한 문제나 도전'에도 강한 불안 반응을 보이곤 한다. 이러한 불안은 그 사람의 전반적인 심리적 상태에 깊이 뿌리내려 있으며, 시간이 지나도 쉽게 사라지지 않는다.

스피엘버거에 따르면 특성 불안이 높은 사람들이 특정 상황에서 더 강한 상태 불안을 경험할 가능성이 높다. 이들은 불안 상황에서 더 쉽게 영향을 받으며, 스트레스에 대한 내성이 낮기 때문에 작은 스트레스 요인만으로도 강한 불안으로 이어질 수 있다. 따라서 스피엘버거의 상태-특성 불안 이론에서 중요한 점은, 상태 불안과 특성 불안이 서로 상호작용한다는 것이다. 특성 불안이 높은 사람은 일반적으로 더 자주, 더 강렬한 상태 불안을 경험한다. 예를 들어, 아침 7시에 출발하는 기차를 타기 위해 역으로 향하는 두 사람이 있다고 하자. 두 사람 모두 버스를 타고 가는 중인데, 오늘따라 유난히 교통체증이 심하다. 이렇게 동일한 스트레스 상황에 놓였을 때, 특성 불안이 낮은 사람은 '차가 많이 막히네? 이러다 7시 기차 못 타는 거 아니야? 다음 거 표가 있으려나?' 하는 정도로 비교적 적은 불안을 느끼는 반면, 특성 불안이 높은 사람은 '하아… 이거 정말 큰일인데. 7시 기차 놓치면 어떻게 되는 거야. 어떡하면 좋지? 오늘따라 차가 왜 이리 막혀. 미치겠네.' 하며 매우 강한 불안을 경험하게 된다. 그리고 이러한 상호작용은 개인의 불안 경험을 좀 더 깊이 이해하는 데 도움을 준다. 상태 불안은 상황에 따라 발생하지만, 그 정도와 빈도는 개인의 특성 불안 수준의 영향을 받는다. 따라서 불안을 관리하기 위해서는 이러한 2가지 불안의 상호작용을 고려한 접근이 필요하다.

스피엘버거의 이론은 불안 연구뿐만 아니라 '임상 심리학' '교육' '스포츠 심리학' 등 다양한 분야에서 널리 적용되고 있다. 이 이론은 특히 불안 척도Spielberger State-Trait Anxiety Inventory, STAI를 통해 실용적인 측정을 가능하게 하였으며, 개인의 상태 불안과 특성 불안을 평가하고 관리하는 데 중요한 도구로 사용되고 있다.

예를 들어, 임상심리학의 경우 특성 불안이 높은 사람들은 지속적인 불안 관리를 필요로 한다. 이들은 다양한 상황에 따라 남들보다 자주 불안을 느끼기 때문에 '이완 기법' '인지행동치료CBT' 등 다양한 심리적 중재가 필요할 수 있다. 또한 상태 불안이 자주 발생하는 경우, 스트레스 상황을 미리 인지하고 대처할 수 있는 방법을 교육함으로써 불안을 줄일 수 있다. 교육이나 스포츠 심리학에서는 학생들이 시험 전에 느끼는 불안상태 불안이나 운동선수들이 경기 전 느끼는 불안을 관리하기 위해 이 이론이 적용되고 있다. 스트레스에 쉽게 영향을 받기 때문에 자신이 가진 역량을 제대로 발휘하지 못하는 경우가 많기에, 이들에게 스피엘버거의 이론은 매우 적합한 심리적 지원이라 볼 수 있다.

이처럼 스피엘버거의 '상태-특성 불안 이론'은 불안의 복잡성을 이해하는 데 중요한 틀을 제공한다. 불안이 단순히 상황에 따른 일시적인 반응이 아니라 개인의 성격적 특성과 깊이 연결되어 있음을 보여주기 때문이다. 이를 통해 우리는 불안을 더 효과적으로 관리하고, 개인의 특성에 맞춘 중재를 개발할 수 있게 되는 것이다.

불안은 인간의 보편적인 감정이지만, 그 표현과 경험은 사람마다 다르게 나타난다. 스피엘버거의 이론은 이러한 차이를 이해하는 데 중요한 역할을 한다. 불안이 어떻게 발생하고 유지되는지를 명확히 설명해주기 때문이다. 스피엘버거의 이론은 심리학적 측면에서 불안을 연구하고 다루는 데 있어 핵심적인 역할을 해왔다. 그의 이론에 근거한 다양한 관리, 중재법은 각 분야에서 효율적으로 사용되고 있으며 앞으로도 다양한 응용 분야에서 중요한 역할을 할 것이다.

불안을 설명하기 위한 중요한 2가지, 행동주의와 인지적 접근

불안에 대한 이해와 치료는 심리학의 여러 학파에서 다르게 접근해왔다. 그중에서도 '행동주의'와 '인지적 접근'은 불안의 원인과 치료 방법을 탐구하는 데 중요한 역할을 해왔다. '행동주의'란 불안을 학습된 반응으로 보며, 이를 변화시키는 데 중점을 둔다. 반면 '인지적 접근'은 불안을 유발하는 생각과 신념을 다루며, 인지적 재구조화를 통해 불안을 관리한다. 이 두 가지 접근은 불안 치료에서 상호 보완적인 역할을 하며, 각각의 장점을 통해 불안을 이해하고 극복하는 데 도움을 준다. 이 두 가지 접근법에 대해 좀 더 자세히 살펴보도록 하자.

행동주의는 20세기 초반 심리학에서 주류로 자리 잡은 이론으로, 불안을 학습된 반응으로 이해한다. 존 왓슨John B. Watson과 B.F. 스키너B.F. Skinner 같은 행동주의자들은 인간의 행동이 주로 환경적 자극과 그에 따른 반응에 의해 형성된다고 보았다. 이들의 관점에서 볼 때 불안은, 특정 자극에 대한 학습된 반응이며 반복된 경험을 통해 강화된다.

이들의 대표적 이론인 '고전적 조건화Classical Conditioning'는, 불안이 어떻게 학습되는지를 설명하는 데 중요한 틀을 제공한다. 이 이론은 이반 파블로프Ivan Pavlov의 개 실험에서 시작되었다. 즉, 개에게 먹이를 줄 때마다 종소리를 들려주고 이를 반복하면 개는 종소리만 들어도 침을 흘리게 된다는 우리가 잘 아는 실험이다. 이 실험은 먹이(무조건 자극)와 종소리(중립 자극)가 반복적으로 연합되면서, 종소리가 먹이를 연상시키는 조건 반사를 유발한다는 것을 보여준다.

이와 같은 원리로 만약 특정 상황이나 자극이 불안을 유발하는 사건과 반복적으로 연관된다면, 그 상황이나 자극 자체가 불안을 일으키는 조건화된 자극이 될 수 있다는 것이다. 예를 들어, 어린 시절 강아지에게 물린 경험이 있는 사람이 이후 강아지나 개를 볼 때마다 불안을 느낀다면, 이는 고전적 조건화에 의해 학습된 불안 반응이라고 볼 수 있다. 이 경우, 불안을 느끼게 만든 원래의 자극(물린 경험)과 중립 자극(강아지)이 연합되어 중립 자극이 불안 반응을 유발하게 된 것이다.

반면에 조작적 조건화Operant Conditioning는, '행동이 그 결과에 따라 강화되거나 악화된다'는 원리로 불안이 어떻게 유지되고 강화되는지를 설명한다. 스키너는 특정 행동이 긍정적이거나 부정적인 결과를 초래할 때, 그 행동의 빈도가 증가하거나 감소한다고 주장했다. 불안 행동도 이러한 원리에 따라 유지된다는 것이다. 불안을 피하려는 행동(예를 들어, 공포의 대상을 회피하는 것)은 단기적으로는 불안을 줄여주는 효과가 있으므로 이러한 회피 행동이 강화된다. 그러나 장기적으로 볼 때, 이는 불안을 유지하거나 더욱 강화시키는 결과를 초래할 수 있다. 예를 들어 사람이 대중 앞에서 말하는 것이 두려워 이를 피하는 경우, 일시적으로 불안을 줄일 수 있지만 이러한 회피 행동이 반복되면서 점점 더 많은 상황에서 불안을 느끼게 된다는 것이다.

이처럼 행동주의에 기반한 불안 치료는 주로 '체계적 둔감화Systematic Desensitization'와 '노출 요법Exposure Therapy', 그리고 '행동 실험Behavioral Experiments'과 같은 기법을 사용한다. 이 3가지는 모두 학습된 불안 반응을 변화시키기 위해 고안된 기법이다.

먼저 체계적 둔감화는 불안을 일으키는 자극을 단계적으로 노출시켜 불안을 감소시키는 방법이다. 예를 들어, 개를 두려워하는 사람은 먼저 개 사진을 보면서 불안을 느끼고, 다음에는 개 소리를 들으며 불안을 느끼고, 마지막으로 개와 직접 만나면서 불안을 극복할 수 있다.

'노출 요법'은 체계적 둔감화와 유사한 방법으로, 불안을 유발하는 상황이나 대상에 직접적으로 노출시켜 불안을 감소시키는 방법이다. 예를 들어, 고소공포증이 있는 사람은 높은 곳에 올라가거나, 높은 건물에서 아래를 내려다보는 등의 활동을 하면서 불안을 극복할 수 있다.

'행동 실험'은 자신의 불안한 생각이나 믿음이 실제로 맞는지 검증하는 방법이다. 예를 들어, 시험을 앞두고 '시험을 망치면 인생이 끝날 거야.'라는 생각이 드는 경우, 일부러 시험을 망치려고 노력해 보거나, 시험을 잘 본 후에도 인생이 끝나지 않았다는 것을 확인해 볼 수 있다.

지금까지 살펴본 '행동주의'와 함께 불안을 이해하기 위한 중요한 접근 중 하나는 바로 '인지적 접근'이다. 인지적 접근Cognitive Approach은, 불안을 유발하는 근본적인 원인이 부적응적인 사고 패턴과 신념에 있다고 본다. 아론 벡Aaron Beck과 앨버트 엘리스Albert Ellis는 불안이 우리의 사고방식과 밀접하게 연결되어 있다고 주장했다. 그들은 특정 상황에 대한 왜곡된 인지와 부정적인 신념이 불안을 초래하며, 이들 인지를 재구조화함으로써 불안을 관리할 수 있다고 보았다.

인지적 접근의 핵심 기법 중 하나는 '인지적 재구조화Cognitive Restructuring'이다. 이는 왜곡된 사고 패턴을 인식하고, 이를 보다 현실적이고 긍정적인 방식으로 바꾸는 과정이다. 불안을 경험하는 사람들은 종종 '모든 것이 잘못될 것이다.'라는 식의 비합리적이고 극단적인 사고를 하는데, 이러한 사고는 불안을 증폭시키고 현실을 왜곡된 방식으로 보게 만든다. 예를 들어 발표를 앞둔 사람이 '난 분명 제대로 말하지 못하고 실수를 하고 말 거야. 그러면 모두가 나를 비웃겠지.'라는 생각을 한다면, 이는 비합리적인 사고 패턴이다. 인지적 재구조화는 이러한 사고를 '물론, 발표가 잘못될 수도 있어. 하지만 나는 준비를 많이 했잖아. 괜찮아. 잘못되지 않을 거야.'라는 식으로 재구성하는 것을 목표로 한다. 이를 통해 불안을 유발하는 근본적인 사고방식을 변화시키고, 불안 수준을 낮출 수 있는 것이다.

베크와 엘리스는 불안을 유발하는 사고 패턴이 대부분 '무의식적으로 발생하는 자동적 사고Automatic Thoughts'라고 설명했다. 이러한 자동적 사고는 빠르게 머릿속에 떠오르며, 사람들은 그것을 사실로 받아들인다.

예를 들어 대중 앞에 서기만 해도 '오늘 난 분명히 실수할 거고, 모든 게 망할 거야.'라는 생각이 자동으로 떠오를 수 있다. 이와 같은 자동적 사고는 불안을 유발하고 유지하는 데 중요한 역할을 한다. 따라서 인지적 접근은 이러한 자동적 사고를 인식하고, 이를 비판적으로 평가하는 훈련을 통해 불안을 줄이고자 한다. 즉 불안을 유발하는 비합리적인 사고를 현실적인 사고로 대체함으로써, 불안의 근본 원인을 다루고자 한 것이다.

이들이 사용하는 인지행동치료Cognitive Behavioral Therapy, CBT는 행동주의적 기법과 인지적 기법을 결합한 치료다. 인지행동치료는 불안 치료에서 매우 효과적인 방법으로, 내담자가 비합리적 사고를 인식하고 적응적인 행동을 형성하도록 돕는다. 인지행동치료는 불안의 원인인 부정적인 생각을 다루고, 불안한 반응을 바꾸기 위해 행동 치료 기법을 사용한다. 이 과정에서 내담자는 자신의 불안한 생각 패턴을 살펴보고, 비합리적인 믿음에 도전하며, 불안을 유발하는 상황에 조금씩 노출된다. 이 과정을 통해 내담자는 불안에 대한 새로운 생각을 배우고, 더 긍정적이고 현실적인 대처 방법을 익히게 된다.

예를 들어, 내담자가 대중 앞에서 연설할 때 불안을 느낀다면, 인지행동치료에서는 내담자가 연설을 연습하고, 불안한 생각을 기록하며, 그 생각이 현실적인지 평가하도록 돕는다. 이를 통해 내담자는 연설에 대한 두려움을 줄이고, 자신감을 높일 수 있다.

이처럼 행동주의와 인지적 접근은 각각의 장점을 통해 불안을 이해하고 관리하는 데 중요한 역할을 한다. 행동주의는 불안을 학습된 반응으로 보며 이를 변화시키는 데 중점을 두는 반면, 인지적 접근은 불안을 유발하는 잘못된 사고를 다루며 인지적 재구조화를 통해 불안을 관리한다. 이 두 접근법은 불안 치료에서 상호 보완적인 역할을 하며, 함께 사용될 때 더욱 강력한 효과를 발휘할 수 있다.

불안은 복잡한 감정이며, 이를 다루기 위해서는 다양한 접근이 필요하다. 행동주의적 기법은 불안을 직접적으로 다루고, 학습된 반응을 변화시키는 데 효과적이다. 또한 인지적 기법은 불안을 유발하는 근본적인 사고 패턴을 수정하는 데 도움을 준다. 이러한 통합적 접근은 불안에 대한 좀 더 심층적인 이해를 제공하며, 불안을 효과적으로 관리하고 극복하는 데 중요한 기여를 하고 있다.

애착 이론과 불안의 관계

"당신의 불안은 어쩌면, 오래전 사랑받고 싶었던 그 순간에서 시작되었는지도 모른다."

● 염두연

애착 유형은 불안에 어떤 영향을 미칠까

'애착'이라는 말에 대해 들어보았을 것이다. 애착 이론은 특히 자녀교육서나 이와 관련된 콘텐츠를 통해 자주 접할 수 있다. 이 이론은 아이와 주 양육자(보통 부모) 사이의 관계에 기반을 두고 있기 때문이다. 어린 시절 아이가 부모와의 관계에서 받은 영향이 성장하면서 다른 사람들과 관계를 맺는 방식에 영향을 미친다고 주장하는 것이 바로 '애착 이론Attachment Theory'이다. 즉, 애착 이론은 인간이 타인과의 관계에서 어떻게 정서적으로 연결되고, 이러한 관계가 삶의 여러 측면에 어떤 영향을 미치는지를 탐구하는 심리학적 이론이다.

존 볼비John Bowlby와 메리 에인스워스Mary Ainsworth의 연구로부터 시작된 애착 이론은 초기의 애착 경험이 성인이 된 후에도 지속적으로 영향을 미치며, 특히 불안과 깊은 관련이 있다는 것을 보여주었다. 애착 유형은 개인이 관계를 맺는 방식뿐만 아니라, 스트레스와 불안에 대처하는 방식에도 큰 영향을 미친다.

애착 이론에 따르면, 어린 시절의 애착 경험은 크게 4가지 애착 유형으로 분류할 수 있다. 각각 '안정형secure' '불안-회피형anxious-avoidant' '불안-양가형anxious-ambivalent' '혼란형disorganized'이다. 이들 애착 유형은 앞에서 말했듯 주 양육자와의 초기 관계에서 형성되며, 성인이 된 후에도 대인 관계와 감정 조절 방식에 중요한 영향을 미친다. 4가지 유형에 대해 각각 살펴보기로 하자.

먼저 **안정형 애착**Secure Attachment을 가진 사람들의 경우, 어린 시절 주 양육자로부터 일관되고 신뢰할 수 있는 돌봄을 받은 케이스이다. 안정형 애착은 자신과 타인을 신뢰하고 건강한 관계를 맺을 수 있게 한다. 이러한 사람들은 스트레스를 받을 때 도움을 요청할 수 있으며, 불안을 경험하더라도 이를 효과적으로 관리할 수 있다. 따라서 이들은 불안을 좀 더 효과적으로 관리할 수 있는 능력을 갖추게 된다. 예를 들어, 이들은 불안을 느낄 때, 이를 인정하고 타인에게 도움을 요청함으로써 건강하게 대처한다. 안정형 애착을 가진 사람들은 자신과 타인에 대한 신뢰를 바탕으로, 불안을 느끼더라도 그것이 관계를 위협한다고 느끼지 않으며, 불안을 적절하게 처리할 수 있다. 이는 그들이 불안을 극복하는 데 있어 중요한 심리적 자원을 가지고 있음을 의미한다.

두 번째 유형인 **불안-회피형 애착**Anxious-Avoidant Attachment을 가진 사람들은 주 양육자가 감정적으로 거리를 두거나, 필요할 때 충분한 돌봄을 제공하지 않았던 경험이 많은 케이스이다. 이들은 타인과의 친밀한 관계를 피하려고 하며, 불안을 느끼더라도 이를 타인에게 드러내지 않고 혼자 해결하려고 한다. 불안을 인정하거나 표현하는 대신 오히려 불안을 억누르고 회피하려고 한다. 그러나 이러한 억압된 불안은 시간이 지나면서 더 큰 심리적 고통이나 불안정으로 이어질 수 있다. 이들은 불안을 인식하고 표현하는 것을 꺼리므로, 외부에서 보기에 차분해 보일 수 있지만 내면적으로는 깊은 불안을 느낄 수 있다. 이러한 억압된 불안은 공황 장애나 강박 장애(OCD)와 같은 불안 장애로 나타날 수 있다. 또 억압된 불안이 갑작스럽게 표출되면서 공황 발작을 경험할 수도 있다. 이들은 일상적인 감정 표현을 피하고 억누르려 하지만, 내면의 불안이 통제 불능 상태로 갑작스럽게 폭발할 수 있는 것이다.

세 번째 유형인 **불안-양가형 애착**Anxious-Ambivalent Attachment을 가진 사람들은 주 양육자가 일관성 없는 돌봄을 제공했던 경험이 많은 케이스다. 이들은 타인에게 강한 의존성을 보이며, 관계에서 거부당할 것에 대한 두려움을 가지고 있다. 불안-양가형 애착을 가진 사람들은 높은 수준의 불안을 경험하며, 자주 불안을 표출하고 타인에게 위안을 구하려는 경향이 있다. 이들은 주 양육자로부터 일관성 없는 돌봄을 받았기 때문에, 애정을 받기 위해 끊임없이 노력해야 한다는 무의식적인 믿음을 가지고 있다. 그래서 관계에서 사랑받고 있다는 확신이 없을 때, 심한 불안과 불확실성을 느낀다. 그 결과 그들은 끊임없이 타인의 관심을 요구하거나, '혹시 나를 떠나가면 어쩌지?' '버림받으면 어쩌지?'와 같은 두려움으로 불안해진다. 이는 연인이나 부부 관계에서 특히 문제가 될 수 있으며, 과도한 집착이나 질투로 이어질 수 있다. 또한 이들의 불안정한 애착은 어른이 된 이후 맺게 되는 모든 대인 관계에서 끊임없는 불안과 불확실성을 초래하며, 범불안 장애GAD나 사회불안 장애SAD와 같은 불안 장애로 이어질 수 있다.

마지막으로 **혼란형 애착**Disorganized Attachment을 가진 사람들은 어린 시절 주 양육자가 양가적인 태도를 보이거나, 때로는 위협적인 존재로 여겼던 경험을 가진 케이스다. 이러한 유형을 가진 사람들은 관계에서 안정감을 느끼지 못하고 일관되지 않은 행동을 보인다. 누가 되었든 타인과의 상호작용에서 혼란스러움을 느끼며 자주 극단적인 불안을 경험한다. 따라서 혼란형 애착을 가진 사람들은 가장 심각한 형태의 불안을 경험할 수 있다.

예를 들어, 상담을 하다 보면 성인이 되었는데도 외상 후 스트레스 장애PTSD가 나타나는 경우가 있다. 이들은 어린 시절 애착 관계에서 트라우마를 깊게 지니고 있다. 이미 성인이 되어 새로운 관계를 형성했는데도 새 관계 속에서 심한 불안과 트라우마를 재경험하는 고통을 느끼기도 한다. 이뿐만 아니라, 혼란형 애착은 정서적 불안정성, 대인 관계의 불안정, 그리고 자아 정체성의 혼란을 특징으로 하는 경계성 성격 장애BPD가 나타날 수 있다. 이들은 극단적인 불안과 정서적 불안정으로 자해나 극단적인 행동을 보일 수 있다. 또한 심각한 우울증이나 다양한 정신건강 문제가 나타나기도 한다.

애착 이론은 이렇듯 불안을 이해하고 효과적인 상담적 개입을 하는 데 중요한 시각을 제공하며, 이를 통해 우리는 불안의 근본적인 원인과 그 해결책을 더 잘 이해할 수 있다. 무엇보다 애착 유형에 따라 전략적 개입 전략을 제공함으로써 불안을 극복하는 방법을 제시할 수 있다. 이를 통해 더 건강한 대인 관계를 형성하고 삶의 질을 개선할 수 있는 길을 열어갈 수 있다. 예를 들어, 불안-양가형 애착을 가진 사람들은 타인에 대한 과도한 의존성을 줄임과 동시에 자신에 대한 신뢰를 강화하는 데 초점을 맞춘 지원이 필요하다. 반면 불안-회피형 애착을 가진 사람들은 감정을 표현하고 타인과의 친밀감을 회복하는 데 초점을 맞춘 상담적 접근이 도움이 될 수 있다. 애착 기반 치료Attachment-Based Therapy는 이렇게 애착 문제를 중심으로 불안을 다루는 데 매우 효과적이다. 내담자가 어린 시절 어떤 애착 경험을 했는지 탐색하고, 그것이 현재의 대인 관계와 불안에 어떻게 영향을 미치는지를 이해함으로써, 내담자가 관계에 있어 더 건강한 애착 패턴을 형성하고, 불안을 좀 더 효과적으로 관리할 수 있게 도와주는 것이다.

애착 이론은 어린 시절 주 양육자와의 관계에서 형성된 애착 유형이 개인의 전 생애에 걸쳐 심리적 건강에 미치는 영향을 설명하는 중요한 이론이다. 어린 시절의 애착 경험은 단지 그 시기에 국한된 것이 아니라, 성인이 된 후에도 대인 관계, 정서적 안정, 그리고 불안 장애와 같은 정신건강 문제에 큰 영향을 미친다. 특히 불안 장애는 애착 유형과 밀접하게 연관되어 있으며, 성인기의 불안 장애는 종종 어린 시절 형성된 애착 패턴에 뿌리를 두고 있다. 따라서 이는 성인기의 불안 장애 발달과도 깊이 연관된다. 어린 시절에 형성된 애착이 성인이 되었을 때 불안 장애에 어떤 영향을 주는지 아는 것은, 보다 효과적인 치유적 접근을 찾는 데 큰 도움이 된다.

사회 구조와 문화적 맥락은
불안에 어떤 영향을 미칠까

"우리는 사회를 통해 자라지만, 때로는 그 사회 때문에 무너진다."

● 에리히 프롬

사회 구조에 의해 나타나는 불안

불안은 물론 개인의 내면에서 발생하는 심리적 상태다. 앞에서 이해한 대로 개인의 애착 유형이나 트라우마, 성향과 경험으로부터 지대한 영향을 받아 사람마다 다르게 나타난다. 그러나 불안의 근본적인 원인과 표현 방식은 내면을 넘어 사회적 맥락과 깊이 연결되어 있다. '사회적 불안'이란 다른 사람들과의 상호작용에서 불안을 느끼는 현상으로, 특정 문화와 사회 구조에 따라 그 강도와 형태가 다르게 영향을 미친다. 따라서 불안의 사회적 차원을 이해하기 위해서는, 불안이 개인의 심리적 경험일 뿐만 아니라 그 사회적 환경과 문화적 맥락에서 어떻게 형성되고 강화되는지를 살펴보는 것이 중요하다.

'사회적 불안'이란 좀 더 구체적으로 설명하면 대인 관계나 사회적 상황에서 자신이 부정적으로 평가받거나, 창피를 당할 것에 대한 두려움으로 나타나는 불안이다. 이는 주로 타인의 시선, 평가, 그리고 사회적 기대에 대한 민감성에서 비롯된다. 내담자 중에는 십대인데도 이미 '부모님의 기대에 부응하지 못하면 어쩌지?' '친구들이 나를 좋아하지 않으면 어쩌지?' 등으로 예민해하거나, 전문직으로 사회적 위치가 있는데도 '이렇게 입고 나가면 나를 이상하게 보는 건 아닐까?' '아까 내가 한 말로 욕먹는 거 아닐까?' 등의 불안감을 강하게 느끼는 경우가 많았다. 한국은 전 세계적으로 댓글 문화가 가장 발달한 나라 중 하나다. 타인에 대한 평가와 비난은 '표현의 자유'라는 이름으로 정당화되곤 한다. 이런 걸러지지 않은 언어들이 사회적 불안을 더 자극하는지도 모른다. 이렇게 사회적 불안은 일상생활의 여러 측면에서 영향을 미치며, 특히 공적인 장소에서 말하거나, 새로운 사람을 만나는 상황에서 극심해질 수 있다. 이로 인해 사회적 상호작용이 어려워지고, 심한 경우 사회적 회피나 고립으로 이어질 수 있다. 우리가 잘 아는 연예인이나 공인 중에도 이러한 불안 장애로 인해 은둔하거나 힘든 선택을 하는 경우가 많지 않았던가.

문화적 맥락에 의해 나타나는 불안

또 사회적 불안은 **문화적 맥락**에 따라 그 형태와 강도가 달라진다. 각 문화는 특정한 사회적 규범과 기대를 형성하며, 개인은 이러한 규범에 부합하기 위해 노력하는 과정에서 불안을 경험할 수 있다. 문화는 불안을 형성하고 강화하는 데 중요한 역할을 하며, 특정 문화적 가치와 신념이 사회적 불안을 증가시키기도 한다.

서구 사회, 특히 미국과 같은 개인주의적 문화에서는 성취, 독립, 그리고 자기표현이 중요한 가치로 여겨진다. 이러한 맥락에서 사회적 불안은 개인이 사회적 기대에 부응하지 못하거나, 자신을 효과적으로 표현하지 못할 것에 대한 두려움으로 나타날 수 있다. 서구 사회에서는 자신의 능력을 타인에게 입증해야 한다는 압박이 강하게 작용하며, 이러한 압박이 사회적 불안을 증가시킨다.

서구의 개인주의 문화에서는 사람들 간의 경쟁이 심화되며, 개인은 자신의 사회적 위치와 타인과의 비교에서 불안을 느낄 수 있다. 특히, 사회적 성공과 실패가 개인의 가치와 직결되는 문화적 환경이 있다. 이런 환경에서는 사람들이 실패하거나 무능력하다는 평가를 받을 것에 대해 강한 두려움을 느낀다. 이 두려움은 사회적 불안을 심화시킨다. 그 결과, 공적 발표나 면접 같은 상황에서 불안이 두드러지게 나타날 수 있다.

동아시아 사회, 특히 한국, 일본, 중국과 같은 문화에서는 집단주의와 타인에 대한 배려, 그리고 체면이 중요한 가치로 여겨진다. 이러한 문화에서는 사회적 조화와 관계 유지가 중요시되며, 개인은 타인의 기대에 부응하고, 집단의 일원으로서 적절하게 행동해야 한다는 압박을 느낀다. 이로 인해 사회적 불안은 다른 사람에게 민폐를 끼치거나, 집단에서 부적절한 행동을 할 것에 대한 두려움으로 나타난다. '내가 이렇게 행동하면 너무 튀려나?' '내 성격이 이 조직 사람들과 잘 안 어울리면 어떻게 해야 하지?' '나는 함께 무언가를 하는 게 불편하지만 힘들어도 참아야 하는 걸까?'

동아시아 문화에서는 사회적 불안을 감추고, 외부에 드러내지 않는 것이 미덕으로 여겨지기도 한다. 이는 사람들이 자신의 불안을 스스로 해결하려고 하거나, 감정을 억제하는 경향을 강화할 수 있다. 또한 체면을 중시하는 문화에서는 자신의 실수나 실패가 가족이나 집단의 명예에 영향을 미칠 수 있다는 부담감이 사회적 불안을 더욱 증폭시킬 수 있다. 이로 인해 사회적 불안이 사회적 상호작용에서 극심하게 나타날 수 있으며, 이는 공포증이나 사회적 고립으로 이어질 수 있다.

현대사회에서는 **소셜 미디어의 발달**이 사회적 불안에 새로운 차원을 더하고 있다. 소셜 미디어가 활성화되면서 우리는 자신이 사는 모습, 일상의 일거수일투족을 마치 과시하듯 타인에게 계속해서 노출한다. 한 SNS 중독자는 아침에 일어나 밥을 먹고 일하고 사람들을 만나고 잠이 드는 모든 과정을 찍어 실시간으로 올리기도 한다. 이러한 경향은 개인이 타인의 시선과 평가를 의식하는 데서 비롯된다. 소셜 미디어에 노출되는 자신은 있는 그대로라기보다는 더 꾸미고 포장해 이상화된 모습인 경우가 대부분이다. 문제는 소셜 미디어가 실시간으로 타인과의 비교를 가능하게 하며, 이는 개인이 자신의 사회적 위치나 인기를 끊임없이 확인하게 만든다는 것이다. 이러한 비교는 자존감을 약화시키고, 사회적 불안을 증가시키는 요인으로 작용할 수 있다. 예를 들어, '좋아요'나 '팔로워' 수에 대한 집착은 개인이 타인의 시선을 과도하게 의식하게 만들며, 자신의 가치가 외부의 평가에 달려 있다는 불안감을 조성할 수 있다.

살펴보았듯 사회적 불안은 단지 개인의 내면에서 발생하는 것이 아니라, 그 사회적 환경과 문화적 맥락에 깊이 뿌리내리고 있다. 사회적 불안의 기원은 종종 우리가 속한 사회의 규범, 기대, 그리고 가치관에 의해 형성된다. 사람들은 사회적 규범에 부합하지 못할 것에 대한 두려움, 타인의 평가에서 부정적인 평가를 받을 것에 대한 불안, 그리고 집단에서 소외될 것에 대한 두려움을 경험한다.

사회적 불안은 또한 사회적 지위와 계층, 그리고 경제적 불평등과도 연관되어 있다. 현대사회에서는 경제적 불안정성, 경쟁, 그리고 불평등이 사회적 불안을 증가시키는 요인이 될 수 있다. 사람들이 자신의 사회적 위치나 경제적 상황에 대해 불안을 느끼면, 이는 대인 관계에서도 불안으로 나타날 수 있다. 또한, 특정 사회적 계층에 속하는 사람들은 더 많은 사회적 불안을 경험할 수 있으며, 이는 그들이 자신의 위치에 대한 불안감과 자존감의 저하를 겪기 때문이다.

　사회적 불안은 그 사람이 속한 사회와 문화의 영향을 강하게 받는 복합적인 현상이다. 따라서 사회적 불안을 이해하기 위해서는 그 문화적 맥락과 사회적 구조를 고려해야 하며, 불안이 사회적 상호작용에서 어떻게 형성되고 표현되는지를 탐구해야 한다. 문화적 가치, 사회적 규범, 그리고 현대사회의 변화는 모두 사회적 불안을 강화할 수 있는 요소들이다. 사회적 불안을 다루기 위해서는 개인적인 접근뿐만 아니라, 사회적 차원에서의 접근도 필요하다. 사회적 불안의 근본 원인을 이해하고, 이를 완화하기 위한 사회적 지지와 변화가 필요하다. 이는 개인이 사회적 불안을 극복하고, 건강한 사회적 관계를 형성하며, 좀 더 나은 삶을 살아갈 수 있는 길을 열어 줄 것이다.

집단 불안은 어떻게 만들어졌으며 현대에서는 어떻게 표현될까

　불안은 개인적인 감정으로 시작되지만, 때로는 집단 전체에 영향을 미치는 집단 불안으로 확산되기도 한다. 집단 불안은 특정 사건이나 사회적 변화, 문화적 요인 등에 의해 촉발되며, 사회의 구성원들이 집단적으로 느끼는 불안과 긴장을 의미한다. 이러한 집단 불안은 역사적 사건들을 통해 종종 드러나며, 현대사회에서도 다양한 방식으로 표현되고 있다. 집단 불안을 이해하기 위해서는 그 역사적 기원과 현대적 표현 방식을 탐구할 필요가 있다.

역사적으로 집단 불안은 전쟁, 질병, 경제적 위기, 정치적 혼란과 같은 사건들을 통해 자주 나타났다. 이들 사건은 사회 전체에 불안을 퍼뜨리며, 대규모의 심리적 영향을 미쳤다. 예를 들어, 21세기를 강타했던 **코로나19 팬데믹**은 전 세계적으로 극심한 집단 불안을 유발했다. 전염병의 확산과 그로 인한 불확실성은 사람들 사이에 공포와 불안을 퍼뜨렸으며, 이는 일상생활의 모든 측면에 영향을 미쳤다. 팬데믹 동안 사람들은 자신과 가족의 안전에 대한 걱정, 경제적 불안, 사회적 고립에 대한 두려움을 경험했다. 이러한 집단 불안은 공황 구매, 대중의 불안감 조성, 음모론 확산과 같은 사회적 현상으로 나타났다. 팬데믹은 현대사회에서 집단 불안이 얼마나 빠르게 확산될 수 있는지를 보여준 대표적인 사례이다.

훨씬 이전 14세기 유럽에서 발생한 중세의 **흑사병**Black Death 역시 집단 불안의 대표적인 사례 중 하나이다. 이 전염병은 유럽 인구의 약 30~60%를 죽음으로 몰아넣으며, 사회 전체에 극심한 공포와 불안을 야기했다. 흑사병의 확산은 사람들 사이에 불안과 패닉을 조장했고, 이는 종교적 광신, 마녀사냥, 그리고 타인에 대한 극단적인 배척과 같은 집단행동으로 나타났다. 사람들은 전염병을 신의 벌로 여기며, 자신들의 행동을 반성하거나 극단적인 신앙적 행위로 불안을 해소하려 했다. 이러한 집단 불안은 사회적 혼란을 가중시키며, 오랜 기간 유럽 사회에 깊은 영향을 미쳤다.

또 다른 집단 불안의 역사적 사례는 17세기 유럽과 미국에서 벌어진 **마녀사냥**이다. 당시 사회는 종교적, 사회적 불안이 극심했던 시기로, 경제적 불황과 종교적 갈등이 고조되면서, 마녀라는 희생양을 찾아내고 제거하려는 집단적 공포와 불안이 커졌다. 이 시기의 마녀사냥은 사회 전반에 퍼져 있던 두려움과 불안이 얼마나 강력하게 집단행동으로 표출될 수 있는지를 보여준다. 마녀사냥은 종교적 믿음과 불안이 결합된 극단적 형태의 집단 불안으로, 많은 무고한 사람들이 희생되었다.

20세기의 **냉전과 핵 공포**는 핵전쟁에 대한 집단 불안으로 전 세계를 떨게 만들었다. 미국과 소련 간의 긴장 고조와 함께, 핵무기의 사용 가능성은 전 세계적인 공포를 야기한 것이다. 사람들은 언제 터질지 모르는 핵전쟁에 대한 불안 속에서 살아야 했으며, 이는 대피 훈련, 방공호 건설, 그리고 핵전쟁 대비 교육과 같은 집단적 대응으로 이어졌다. 이 시기의 집단 불안은 냉전 시대의 긴장과 불확실성을 반영하며, 사람들의 일상생활에 깊숙이 스며들었다.

현대사회에서도 집단 불안은 다양한 형태로 나타나고 있다. 기술 발전, 글로벌화, 그리고 기후 변화와 같은 요인들이 새로운 형태의 집단 불안을 촉발하고 있으며, 이는 전통적인 불안과는 다른 방식으로 표현되고 있다.

기후 변화와 환경 불안 Eco-Anxiety은 현대사회에서 새롭게 등장한 집단 불안의 중요한 원인 중 하나이다. 전 세계적으로 기후 변화가 가속화되면서, 사람들이 환경 파괴와 그로 인한 재앙에 대한 불안을 느끼고 있다. 폭염, 난기류로 인한 사건과 사고에 대한 뉴스는 전 세계적으로 지속적인 이슈를 만들어내고 있다. 이로 인한 불안감은 특히 젊은 세대에서 두드러지게 나타나고 있으며, 기후 변화에 대한 무력감과 불안이 확산되고 있다. 이러한 집단 불안은 개인의 삶에 영향을 미칠 뿐만 아니라, 환경 운동, 지속 가능한 생활 방식 추구, 그리고 정책 변화를 요구하는 집단행동으로 이어진다. 기후 변화에 대한 집단 불안은 사회적 압박과 불안의 새로운 형태로, 글로벌 차원에서 중요한 이슈로 대두되고 있다.

또 **디지털 기술의 발달과 소셜 미디어의 확산**은 새로운 형태의 집단 불안을 촉진하고 있다. 소셜 미디어는 정보와 감정이 빠르게 확산될 수 있는 플랫폼을 제공하며, 특정 사건이나 문제에 대한 집단적 불안을 증폭시킬 수 있다. 예를 들어, 특정 사건에 대한 과도한 정보 과부하와 잘못된 정보의 확산은 사회적 공포와 불안을 빠르게 조장할 수 있다. 이는 사람들이 실시간으로 정보를 주고받고 함께 불안감을 공유함으로써 집단 불안이 형성되는 과정에 큰 영향을 미친다. 또한 디지털 시대의 집단 불안은 가상 세계에서의 소외감이나 디지털 격차와 관련된 문제들로도 나타난다. 소셜 미디어 상에서의 '비교 불안' '개인 정보 유출에 대한 두려움' 그리고 '사이버 공격에 대한 불안' 등이 현대사회에서 중요한 집단 불안 요소로 작용하고 있다.

집단 불안은 단순한 심리적 현상을 넘어, 사회적, 정치적, 경제적 변화를 촉발하는 중요한 힘으로 작용할 수 있다. 집단 불안은 사회적 불안정성을 증가시키고, 때로는 극단적인 집단행동으로 이어질 수 있다. 역사적으로, 집단 불안은 사회적, 정치적 혁명이나 대규모 사회 운동의 촉매제가 되기도 했다. 현대사회에서도 집단 불안은 정치적 양극화, 경제적 불평등 심화, 그리고 사회적 갈등을 조장할 수 있다. 이러한 불안은 사회적 연대와 신뢰를 약화시키고, 분열을 촉진하며, 사회 전반에 걸쳐 불안감을 확산시킬 수 있다. 집단 불안이 증가하면, 사회는 불확실성과 불안정성이 더 커질 수 있으며, 이는 사회적 안정과 평화에 부정적인 영향을 미치게 된다.

집단 불안은 역사적으로 다양한 사건과 사회적 변화 속에서 나타났으며, 현대사회에서도 여전히 중요한 현상으로 볼 수 있다. 집단 불안의 역사적 사례들을 통해 우리는 불안이 개인적인 경험을 넘어, 사회 전체에 어떻게 영향을 미치는지를 이해할 수 있다. 현대사회에서는 기술 발전, 글로벌화, 그리고 환경 변화와 같은 새로운 요인들이 집단 불안을 촉발하고 있으며, 이는 다양한 사회적 현상으로 나타나고 있다.

집단 불안은 그 자체로 사회적 불안정성을 유발할 수 있는 강력한 힘이다. 이를 효과적으로 관리하고 대응하기 위해서는, 사회적 연대와 협력이 필요하며, 집단 불안의 근본 원인을 이해하고 해결하는 것이 중요하다. 이는 사회 전체의 심리적 안정과 평화를 유지하는 데 중요한 역할을 할 것이다.

제2부

문학, 예술, 미디어에 나타난 불안의 모습

"예술은 말하지 못한 불안을 말하는 방식이다."

고전 문학에 등장하는
불안한 존재들

"문학은 마음이 터질 것 같을 때, 유일하게 숨 쉬게 해주는 통로였다."
— 도스토옙스키

도스토옙스키의 작품에 나타난 죄의식과 불안

표도르 도스토옙스키Fyodor Dostoevsky는 19세기 러시아 문학을 대표하는 작가로, 그의 작품 속 인물들은 깊은 내면적 갈등과 죄의식, 그리고 불안을 끊임없이 경험한다. 도스토옙스키는 인간 본성의 어두운 면을 탐구하면서, 이러한 죄의식과 불안을 중심으로 인간 존재의 복잡성을 드러냈다. 그의 소설은 도덕적 딜레마와 신앙의 위기 속에서 고통받는 인물들을 통해, 불안이 어떻게 인간의 영혼을 잠식하고, 삶의 방향을 결정하는지를 심도 있게 탐구한다.

도스토옙스키의 작품에서 불안은 주로 죄의식과 도덕적 갈등에서 비롯된다. 그의 대표작 《**죄와 벌**Преступление и наказание, Crime and Punishment》은 이러한 주제를 가장 잘 보여주는 작품이다. 주인공 라스콜니코프Raskolnikov는 자신이 특별한 존재이며, 도덕적 규범을 초월할 수 있다고 믿고, 노파를 살해한다. 그러나 살인 이후 그는 심각한 죄의식과 불안에 시달리게 된다. 라스콜니코프는 자신이 저지른 죄를 합리화하려고 하지만 내면의 불안과 도덕적 갈등이 그를 괴롭힌다.

라스콜니코프의 불안은 단순히 살인을 저질렀다는 사실에서 비롯된 것이 아니다. 그의 불안은 더 깊은 차원에서, 인간 존재의 의미와 도덕적 가치에 대한 근본적인 의문에서 기인한다. 그는 자신이 '초인übermensch'이라 자처하면서도, 결국 죄의식에 압도되어 내면의 평화를 잃고 만다. 이 과정에서 도스토옙스키는 인간이 도덕적 규범을 위반할 때 느끼는 불안과 그로 인한 고통이 얼마나 파괴적일 수 있는지를 강렬하게 그려낸다.

도스토옙스키의 또 다른 중요한 작품 **《카라마조프가의 형제들**Братья Карамазовы, The Brothers Karamazov**》**은 선과 악의 갈등 속에서 불안이 어떻게 발생하는지를 탐구한다. 이 소설에서 도스토옙스키는 인간 내면의 이중성을 심도 있게 다루며, 이 이중성이 불안을 유발하는 주요 원인임을 보여준다. 등장인물들은 각기 다른 도덕적 입장을 취하며, 그들의 선택은 불가피하게 불안을 동반한다.

특히 이반 카라마조프Ivan Karamazov의 불안은 신에 대한 회의와 도덕적 회의주의에서 비롯된다. 이반은 신의 존재와 인간의 도덕적 책임에 대해 끊임없이 고민하며, 그 결과 심각한 불안과 정신적 고통에 시달린다. 그는 "신이 존재하지 않는다면, 모든 것이 허용된다."라고 주장하며 도덕적 무질서를 받아들이려 하지만, 결국 그로 인해 깊은 불안과 절망에 빠진다. 도스토옙스키는 이반의 갈등을 통해, 도덕적 불확실성이 인간에게 얼마나 큰 불안을 초래할 수 있는지를 보여준다.

도스토옙스키의 작품은 또한 사회적 불안과 존재의 위기를 깊이 있게 탐구한다. 그는 19세기 러시아의 사회적, 정치적 변화 속에서 인간이 느끼는 불안과 혼란을 그려낸다. 그의 소설 속 인물들은 사회적 위치와 존재의 의미에 대한 불안으로 고통받으며, 이는 그들을 극단적인 행동으로 몰아넣는다.

특히 《**악령**Бесы, The Demons》에서 도스토옙스키는 혁명적 이념과 사회적 불안이 결합하여 어떻게 개인과 사회를 파괴하는지를 묘사한다. 이 작품은 사회적 불안이 개인의 삶에 미치는 영향을 탐구하며, 도덕적 혼란과 불확실성 속에서 인간이 어떻게 방향을 잃고 파멸로 치닫는지를 보여준다. 도스토옙스키는 이 작품을 통해, 사회적 불안이 단지 개인적인 문제가 아니라, 사회 전체에 심각한 영향을 미치는 집단적 불안으로 확산될 수 있음을 경고한다.

도스토옙스키는 죄의식과 불안이라는 주제를 통해 인간 존재의 심오한 갈등을 탐구한 작가이다. 그의 작품에 등장하는 인물들은 모두 불안을 경험하며, 이 불안은 그들의 삶의 방향을 결정짓는 중요한 요소가 된다. 도스토옙스키는 불안이라는 것을 인간 존재의 본질을 탐구하는 중요한 도구로 사용한다. 그는 불안을 통해 인간이 처한 도덕적, 사회적 갈등의 깊이를 탐구하며, 이를 통해 인간의 복잡한 내면 세계를 드러낸다. 인간이 자신의 존재와 선택에 대해 성찰하게 만들며, 궁극적으로는 자기 이해와 구원의 길로 인도하는 역할을 한다. 특히 그는 불안을 단순히 부정적인 감정으로 그리지 않는다. 오히려 불안을 인간이 자신의 한계와 도덕적 책임을 직면하게 만드는 필연적인 감정으로 묘사하면서, 불안을 극복하는 것을 넘어 인간이 자신의 존재와 도덕적 선택을 이해하고 받아들이기 위한 중요한 과정으로 제시한다.

그의 작품은 오늘날에도 여전히 강력한 울림을 준다. 도스토옙스키는 불안이 인간 경험의 핵심임을 보여주며, 이를 통해 독자들이 자신의 내면을 들여다보고, 자신의 불안을 이해하는 데 중요한 통찰을 제공한다. 도스토옙스키의 문학적 탐구는 불안이 인간 존재에 얼마나 깊이 뿌리박혀 있는지를 보여주며, 그것이 어떻게 우리의 삶을 형성하고 이끌어가는지를 묘사한다.

카프카의 작품 속에 나타나는 소외와 부조리의 불안

프란츠 카프카Franz Kafka는 20세기 문학에서 소외와 부조리의 불안을 가장 강렬하게 표현한 작가 중 한 명이다. 그의 작품은 인간 존재의 부조리와 무의미함, 그리고 그 속에서 겪는 심리적 불안을 탐구하며, 현대사회에서 개인이 느끼는 소외감과 무력감을 심도 있게 묘사한다. 카프카의 소설 속 인물들은 종종 이해할 수 없는 세계에 던져져 고립되고, 자신을 둘러싼 부조리한 상황에서 심각한 불안을 경험한다. 이들의 불안은 존재의 불확실성, 인간관계의 단절, 그리고 의미를 찾을 수 없는 삶에서 비롯된다.

카프카의 대표작 **《변신**Die Verwandlung**》**은 인간 존재의 부조리함을 극명하게 드러낸다. 주인공 그레고르 잠자Gregor Samsa는 어느 날 아침, 자신이 거대한 벌레로 변해버린 것을 발견한다. 그레고르는 자신이 왜, 어떻게 이런 모습으로 변했는지 알 수 없으며, 그 변신에 대한 어떠한 설명도 주어지지 않는다.

그레고르는 가족으로부터 점점 더 소외되고, 결국에는 자신의 방에 고립된 채 불안 속에서 죽음을 맞이한다. 그의 불안은 단순히 외형적인 변화에서 오는 것이 아니라, 자신이 더 이상 가족과 소통할 수 없고, 자신이 이해할 수 없는 세상에 갇혀 있다는 사실에서 비롯된다. 이 작품에서 카프카는 인간이 경험하는 존재의 부조리함과 그로 인한 깊은 불안을 극명하게 그려낸다. 그레고르의 이야기는 현대인이 느끼는 소외와 무의미함, 그리고 그 속에서 불가피하게 겪는 불안을 상징적으로 표현하고 있다.

카프카의 또 다른 중요한 작품 **《심판**Der Process, The Trial**》**은 법적 절

차의 부조리함을 통해 소외와 불안의 주제를 심도 있게 탐구한다. 주인공 요제프 K.는 자신이 어떤 죄를 저질렀는지 알지 못한 채, 어느 날 갑자기 체포된다. 그는 자신이 무슨 잘못을 했는지 알기 위해 고군분투하지만, 법적 절차는 끝없이 복잡하고 이해할 수 없는 방식으로 진행된다. 요제프 K.는 자신의 삶이 완전히 통제 불가능한 상태에 놓여 있다는 사실을 깨닫고, 그 과정에서 극심한 불안과 무력감을 느낀다.

요제프 K.의 불안은 그가 처한 부조리한 상황에서 비롯된다. 그는 끊임없이 자신의 죄와 그에 대한 법적 절차를 이해하려고 노력하지만, 그 과정에서 점점 더 혼란스럽고 절망적인 상태에 빠진다. 카프카는 이 작품을 통해, 현대사회에서 개인이 느끼는 소외감과 불안을 고발하며, 인간이 이해할 수 없는 거대한 시스템 속에서 무력하게 떠도는 존재임을 드러낸다. 요제프 K.의 이야기에서 불안은 단순한 감정이 아니라, 인간 존재의 본질적인 측면으로서, 우리가 이해할 수 없는 세상에 대한 깊은 두려움과 혼란을 반영한다.

카프카의 작품 속 인물들은 모두 사회적·개인적 소외감을 겪으며 자신이 속한 세계에서 불안을 느낀다. 이들은 자신이 처한 상황을 이해하려고 노력하지만, 그 상황은 너무나도 부조리하고 이해할 수 없는 방식으로 전개된다. 카프카는 이를 통해, 현대사회에서 개인이 어떻게 소외되고, 그로 인해 불안을 경험하는지를 날카롭게 묘사한다. 현대사회에서의 소외감은 종종 사람들 사이의 단절·기술의 발전에 따른 인간관계의 소원화, 그리고 거대한 사회적 시스템에서의 무력감으로 나타난다. 카프카의 작품은 이러한 현대사회의 문제들을 미리 예견한 듯하다. 그의 작품 속 인물들은 모두 외부 세계와의 소통이 단절되고, 자신을 둘러싼 부조리한 상황에서 벗어날 수 없는 불안한 존재들이다.

카프카의 문학에서 불안은 단순히 개인적인 고통의 표현이 아니라, 인간 존재의 본질적이고 보편적인 경험으로 그려진다. 그는 소외와 부조리 속에서 인간이 느끼는 불안감을 극도로 밀도 있게 표현하며, 이를 통해 현대사회에서 개인이 겪는 불안의 근원을 탐구한다. 카프카의 작품은 인간 존재의 무의미함과 그 속에서 끊임없이 불안을 느끼는 인간의 모습을 적나라하게 보여준다.

카프카 역시 도스토옙스키와 마찬가지로 불안을 극복해야 할 감정으로 보지 않았다. 오히려 그는 불안을 현대인이 직면해야 할 필연적인 감정으로 묘사했다. 카프카는 불안과 소외 속에서 살아가는 소설 속 등장인물들을 통해 인간 존재의 복잡성과 심오함을 드러낸다. 그의 작품은 독자들에게 불안이 인간의 본질적인 부분이며, 그 속에서 자신의 존재를 어떻게 이해하고 수용해야 하는지 그 과정을 고스란히 보여준다.

카프카의 작품은 오늘날에도 여전히 강한 공감을 불러일으키며 인간에 대한 이해를 위한 모든 학문에서 연구의 대상으로 여겨진다. 그의 문학은 불안이 현대사회에서 얼마나 깊이 뿌리내린 감정인지를 보여주며, 독자들이 자신의 불안을 이해하고 받아들이는 데 중요한 통찰을 제공하기 때문일 것이다.

현대 문학에서 나타나는
불안의 실체

"삶의 부조리함을 마주할 때, 우리는 말보다 침묵에 가까워진다."

● 알베르 카뮈

알베르 카뮈와 부조리의 불안

알베르 카뮈Albert Camus는 20세기 프랑스 문학을 대표하는 작가이자 철학자로, 그의 작품은 부조리absurdity와 그로 인한 불안을 탐구하는 데 중점을 둔다. 카뮈는 인간이 삶의 의미를 찾으려는 노력과 이 세상에서 발견되는 부조리 사이에 일어나는 갈등을 주제로 삼아, 존재의 무의미함과 인간의 고뇌를 작품 속에 녹여냈다. 그는 불안을 피해야 할 감정이 아니라, 인간이 자신의 존재와 부조리한 세계를 이해하기 위해 반드시 겪어야 하는 필연적 경험으로 보았다.

무엇보다 카뮈는 부조리를 인간이 직면하는 가장 근본적인 문제로 보았다. 부조리란 인간이 세계에서 의미를 찾고자 하지만 그 세계는 본질적으로 무의미하다는 사실을 깨닫게 되는 순간에 발생하는 갈등을 의미한다. 카뮈는 인간이 자신의 삶에 의미를 부여하고

자 하지만 이 세상은 그러한 의미를 제공하지 않는다는 점에서 부조리가 발생한다고 주장했다. 이 부조리는 인간이 자신의 존재와 세계 사이에서 느끼는 깊은 불안과 불만으로 이어진다.

카뮈는 부조리한 현실을 인간이 피할 수 없는 조건으로 보았고, 이에 대한 도피는 자살 혹은 신앙에 의존하는 방식으로 나타난다고 보았다. 그러나 카뮈는 이러한 도피를 거부하고 오히려 부조리와 맞서 싸우며 그것을 받아들이는 태도를 주장했다. 그는 부조리한 삶을 살아가는 것이야말로 진정한 인간의 조건이라고 보았던 것이다.

카뮈의 대표작 《이방인 L'Étranger》은 부조리의 불안과 인간의 반응에 대해 잘 나타나고 있다. 부조리한 삶 속에서 인간이 느끼는 불안과 무의미함을 강렬하게 표현한 작품이다. 이 소설의 주인공 '뫼르소 Meursault'는 사회의 규범과 기대에 무관심한 인물로, 그의 행동은 전통적인 도덕적 기준이나 사회적 기대와 완전히 동떨어져 있다. 그는 자신의 어머니가 죽었을 때 슬픔을 느끼지 않고, 우연히 살인을 저지르며, 그로 인해 체포되고 재판을 받는다. 그러나 그는 자신이 왜 그렇게 행동했는지조차 명확히 알지 못하며, 삶에 대한 어떤 의미나 목적도 찾지 못한다.

뫼르소는 자신이 처한 상황을 부조리하다고 인식하면서도, 그것을 피하거나 도피하려 하지 않는다. 그는 오히려 그 부조리함을 있는 그대로 받아들이고, 그것에 대해 냉정하고 무관심한 태도를 유지한다. 뫼르소의 무감각함과 무관심은 그가 느끼는 깊은 불안을 반영하며, 카뮈는 이를 통해 인간이 부조리한 세계에서 느끼는 존재의 불안을 강렬하게 묘사한다.

《이방인》에서 카뮈는 인간이 부조리한 세상 속에서 의미를 찾으려는 시도가 얼마나 무의미한지를 보여주며, 그로 인해 발생하는 불안을 피할 수 없는 인간의 조건으로 제시한다. 뫼르소는 결국 사형 선고를 받게 되지만, 그는 마지막 순간까지도 자신의 운명에 대해 담담하게 받아들이며 삶의 부조리함을 인정한다. 카뮈는 이를 통해 부조리와 불안 속에서 인간이 어떻게 자신의 존재를 이해하고 받아들일 수 있는지를 탐구한다.

카뮈의 또 다른 대표작 **《페스트**La Peste**》**는 부조리한 세계에서 인간이 어떻게 저항할 수 있는지를 보여준다. 이 소설은 알제리의 오랑이라는 가상의 도시에서 발생한 전염병을 배경으로, 인간이 부조리한 상황에 직면했을 때 어떻게 대응하는지를 보여준다. 소설 속 인물들은 갑작스럽게 발생한 전염병 앞에서 불안과 공포에 휩싸이지만, 그들은 자신들의 운명을 받아들이고 부조리한 상황에 저항하려는 노력을 기울인다.

페스트의 주인공 리외Rieux 의사는 페스트가 가져오는 고통과 죽음의 부조리함 속에서도, 인간의 연대와 저항을 통해 불안을 극복하고자 한다. 그는 페스트의 확산을 막기 위해 끝까지 싸우며 부조리한 세계에 굴복하지 않겠다는 의지를 보인다. 리외의 이러한 태도는 부조리와 불안을 피하는 대신, 그것을 직시하고, 그것에 맞서 싸우는 인간의 용기를 상징한다.

카뮈는 페스트를 통해, 인간이 부조리한 세계에서 느끼는 불안에 어떻게 대처할 수 있는지를 제시하며, 그 속에서 의미를 찾기 위한 인간의 끊임없는 노력을 강조한다. 그는 부조리한 상황에서 인간이 할 수 있는 유일한 일은 저항하며 살아가는 것이며, 그것이야말로 인간 존재의 참된 의미를 발견하는 길이라고 주장한다.

카뮈의 철학적 에세이 **《시지프 신화**Le Mythe de Sisyphe**》**는 부조리와 불안을 철학적으로 탐구한 대표적인 작품이다. 카뮈는 그리스 신화에 나오는 시지프스를 통해 부조리한 상황에 대한 인간의 반응을 상징적으로 묘사한다. 시지프스는 신들의 벌로 인해, 거대한 바위를 산 꼭대기까지 굴려 올려야 하는데, 바위가 정상에 닿으면 다시 굴러떨어지고, 그는 이를 끊임없이 반복해야 한다.

카뮈는 시지프스의 운명이 부조리하다고 보면서도, 시지프스가 그 부조리함 속에서 자신만의 의미를 찾는다고 주장한다. 부조리한 상황에서 발생하는 불안을 수용하고 자신의 운명을 받아들이는 것이 인간 존재의 참된 의미라고 주장한 것이다.

알베르 카뮈는 부조리한 세상 속에서 인간이 느끼는 불안을 깊이 탐구한 작가이다. 카뮈는 자신의 작품들을 통해 부조리를 피할 수 없는 인간 존재의 조건으로 보며, 그 속에서 인간이 자신만의 의미를 찾고 불안을 수용하는 과정을 잘 그려낸다. 카뮈의 문학은 부조리한 세계에서 인간이 겪는 불안이 얼마나 깊이 뿌리박혀 있는지를 보여주며, 이를 통해 현대인이 자신의 삶에서 의미를 찾는 데 중요한 통찰을 제공한다. 그는 불안이 인간 존재의 본질적인 부분임을 강조하며, 그것을 통해 인간이 자신의 운명을 받아들이고, 부조리한 상황 속에서도 살아갈 수 있는 힘을 얻을 수 있다는 사실을 보여준다. 우리는 카뮈의 작품을 통해 불안이 현대사회에서 얼마나 중요한 주제인지를 깨닫게 되고, 인간이 그 속에서 어떻게 자신의 존재를 이해하고 수용할 수 있는지를 탐구할 수 있다.

버지니아 울프가 작품 속에 담아낸 인간 내면의 불안

섬세한 감성을 지닌 여류작가 울프Virginia Woolf, 1882-1941는 20세기 모더니즘 문학의 중요한 작가 중 한 명으로, 그녀의 작품은 내면의 불안과 그로 인한 심리적 고통을 깊이 탐구한다. 울프는 인간의 내면세계를 치밀하게 묘사하며, 특히 여성들이 겪는 심리적 갈등과 불안을 작품의 중심 주제로 삼았다. 그녀의 글은 내면의 불안을 형식적으로나 내용적으로 정교하게 표현하며, 그 과정에서 독자들에게 인간 존재의 복잡성과 심리적 깊이를 강렬하게 전달한다.

울프의 대표작 《올랜도Orlando》와 《시간의 흐름 속으로The Waves》는 인간 내면의 불안과 시간의 관계를 탐구한다. 울프는 시간의 흐름과 그로 인한 변화가 개인의 정체성에 미치는 영향을 내면의 불안과 연결시킨다. 울프의 인물들은 시간의 압력 속에서 자신의 정체성을 재구성하려 하며, 그 과정에서 깊은 불안을 경험한다.

《올랜도》는 주인공 올랜도가 16세기부터 20세기까지 수백 년의 세월을 살아가며 겪는 사랑과 모험을 다루고 있다. 올랜도는 처음에는 미소년으로 태어났지만, 이후 여성으로 변신하여 결혼과 출산을 겪고, 작가로서 성공하기도 한다. 이 삶의 과정에서 올랜도는 자신의 정체성과 존재 의미에 대해 끊임없이 고민하게 된다. 울프는 소설을 통해 개인이 고정된 자아가 아니라 끊임없이 변화하는 존재임을 강조한다.

《시간의 흐름 속으로》는 1927년에 출간된 버지니아 울프의 장편소설로, 각기 다른 개성과 삶을 살아가는 여섯 명의 인물들의 이야기를 담고 있다. 이 작품은 인간의 내면과 의식의 흐름을 중심으로 이야기가 전개되는데, 인간 정체성의 불확실성과 시간의 흐름이 개인의 내면에 만들어내는 불안을 심도 있게 묘사한다. 즉, 소설 속 인물들은 각각의 삶에서 시간의 불가역성과 그로 인한 불안을 느끼며, 인간 존재의 무상함을 인식하게 된다. 울프는 이렇게 '시간'을 인간의 불안을 유발하는 중요한 요소로 묘사하며, 내면의 불안이 시간의 압박 속에서 어떻게 나타나는지를 보여주었다.

울프의 또 다른 중요한 작품 **《댈러웨이 부인**Mrs.Dalloway**》**은 정체성과 내면의 불안을 심도 있게 다룬 소설이다. 주인공 클라리사 댈

러웨이Mrs. Clarissa Dalloway는 겉으로는 성공적인 사회생활을 하는 듯 보이지만, 내면에서는 깊은 불안과 정체성의 혼란을 겪고 있다. 울프는 클라리사가 느끼는 내면의 불안을 의식의 흐름 기법을 통해 표현하며, 그녀의 과거와 현재가 뒤섞여 나타나는 방식을 통해 정체성의 유동성과 그로 인한 불안을 묘사한다.

클라리사는 젊은 시절의 선택과 현재의 삶 사이에서 끊임없이 갈등하며, 자신이 선택하지 않은 삶에 대한 회의와 후회를 느낀다. 그녀는 자신의 삶이 표면적으로는 안정적이지만, 그 이면에는 깊은 내면의 불안이 자리하고 있음을 인식한다. 울프는 이 작품에서 한 인간이 가진 정체성은 고정된 것이 아니라, 삶의 여러 선택과 경험에 따라 끊임없이 변화한다는 것을 보여준다.

울프는 자신의 작품을 통해 인간 내면의 불안에 대해 심도 있게 다뤘는데, 이때의 불안은 특히 여성의 사회적 역할과 깊이 연관되어 있다. 울프는 여성들이 사회적으로 부여된 역할과 기대 속에서 겪는 불안을 묘사하며, 여성의 내면 세계를 보여주었다. **《자기만의 방A Room of One's Own》《등대로To the Lighthouse》**와 같은 작품은 여성이 사회적 제약 속에서 자신의 목소리를 찾고, 자기 정체성을 확립하기 위해 싸우는 과정을 그리고 있다.

특히 《자기만의 방》에서 울프는 여성 작가들이 창작을 위해 필요로 하는 물리적, 정신적 공간을 강조하며, 여성들이 사회적으로 억압받는 상황에서 내면의 불안을 어떻게 경험하는지를 탐구한다.

울프는 여성들이 자신만의 방, 즉 독립적인 공간과 경제적 자유를 가지지 못한 상황에서 창작의 불안과 자기 실현의 어려움을 겪는다고 주장한다. 이 작품에서 내면의 불안은 여성들이 자신의 정체성을 완전히 실현하지 못한 채, 사회적 역할에 갇혀 있는 상황에서 발생한다.

《등대로》는 가족 내에서의 역할과 여성의 불안을 다룬다. 이 작품의 주인공인 램지 부인Mrs. Ramsay은 가정 내에서 전통적인 여성 역할을 수행하며, 자신이 필요한 존재로서 인정받고 또 사랑받기를 갈망한다. 그러나 그녀는 자신이 가정 내에서 감정적 지원을 제공하는 역할에 갇혀 있으며, 그로 인해 자신이 진정으로 원하는 것을 추구하지 못한다는 사실을 인식하면서 깊은 불안을 느낀다. 울프는 램지 부인을 통해, 여성들이 전통적인 사회적 역할 속에서 경험하는 내면의 불안을 보여주며, 그 불안이 어떻게 여성의 정체성과 자아실현을 억압하는지를 알게 해준다.

또 울프는 작품을 통해 자기 성찰과 내면의 고독이 불안의 중요한 원인임을 보여준다. 소설 속 인물들은 종종 깊은 내면의 세계로 침잠하며, 그 속에서 불안을 경험한다. 울프는 내면의 고독이 인간 존재의 본질적 측면임을 강조하며, 그 고독 속에서 인간이 자신의 정체성을 성찰하게 된다고 본다. 그러나 이 과정에서 나타나는 불안은 인간이 자신의 삶과 존재를 이해하려는 시도 속에서 불가피하게 겪게 되는 고통스러운 감정이다. 즉, 울프의 작품에서 내면의 불안은 인간이 자신의 정체성을 찾고, 그 과정에서 겪는 필연적인 갈등과 고통을 상징한다.

울프는 이러한 내면의 불안을 치유하기 위해서는 인간이 자기 자신을 진정으로 이해하고, 수용하는 과정이 필요하다고 주장한다. 내면의 불안과 고독을 피하는 대신, 그것을 통해 자신의 존재를 깊이 있게 이해하고 성찰할 수 있다고 믿은 것이다.

버지니아 울프는 내면의 불안과 인간 존재의 복잡성을 심도 있게 탐구한 작가이다. 그녀의 작품은 특히 여성들이 사회적 역할과 개인적 정체성 사이에서 겪는 심리적 갈등과 불안을 중심으로 전개된다. 울프는 계속해서 변화하는 정체성과 속절없이 흘러가는 시간 속에서 인간이 경험하는 불안을 섬세하게 묘사하며, 이를 통해 독자들에게 내면의 세계를 깊이 있게 탐구하는 기회를 제공한다.

울프의 문학은 내면의 불안이 단순히 극복해야 할 부정적 감정이 아니라, 인간 존재의 본질적 측면임을 강조한다. 그녀는 불안을 인간이 자신의 존재를 이해하고 성찰하기 위해 겪어야 하는 필연적인 감정으로 보았다. 울프의 작품은 오늘날에도 여전히 많은 독자들에게 공감을 불러일으키며, 내면의 불안을 이해하고 받아들이는 데 중요한 통찰을 제공한다. 그녀는 불안 속에서 인간이 자신의 진정한 정체성을 찾을 수 있음을 보여주며, 그 과정에서 인간 존재의 심오함과 복잡성을 드러낸다.

시詩 속에 드러나는
불안의 정서

"시는 불안을 안고 잠들지 못하는 마음이 쓴 일기이다."

● 실비아 플라스

불안을 시적으로 표현한 엘리엇과 플라스

시인은 언어를 통해 인간의 복잡한 감정과 내면의 상태를 탐구하는 예술가이다. T.S. 엘리엇T.S.Eliot과 실비아 플라스Sylvia Plath는 시를 통해 불안이라는 감정을 강렬하게 표현한 대표적인 시인들이다. 이 두 시인은 불안을 단순한 심리적 고통이 아닌, 인간 존재의 핵심적 경험으로 묘사하며, 그 속에서 개인이 겪는 고독과 절망, 그리고 자기 탐색의 과정을 시적 언어로 담아낸다. 엘리엇과 플라스의 시는 불안의 다양한 측면을 탐구하며, 그들이 살아간 시대의 불안감을 반영하는 동시에, 불안이 인간의 보편적인 정서임을 보여준다.

T.S. 엘리엇은 20세기 초반의 혼란스러운 시대적 배경 속에서 인간의 내면에 자리한 불안과 절망을 시로 표현했다. 그의 대표작

《황무지》The Waste Land》는 1차 세계대전 이후의 서구 문명을 배경으로, 문명 붕괴와 인간 존재의 무의미함을 다룬다. 총 5개의 부로 이루어진 이 시에서 엘리엇은 불안이라는 감정을 시대적 위기와 연결시켜 현대사회가 겪는 영적 공허와 소외감을 강렬하게 묘사한다. 이를테면, 제1부 '죽은 자의 매장'의 마지막 행을 한번 보자.

> April is the cruelest month, breeding(4월은 가장 잔인한 달)
> Lilacs out of the dead land, mixing(죽은 땅에서 라일락을 키워 내고)
> Memory and desire, stirring(추억과 욕정을 뒤섞고)
> Dull roots with spring rain.(잠든 뿌리를 봄비로 깨운다.)

이 구절은 4월이 죽은 땅에서 라일락을 피워내고, 추억과 욕망을 뒤섞으며, 봄비로 잠든 뿌리를 깨우는 잔인한 달이라는 의미를 담고 있다. 여기서 'dead land죽은 땅'는 전쟁으로 인해 파괴된 유럽 사회를, 'dull roots잠든 뿌리'는 인간의 내면에 잠들어 있는 욕망과 불안감을 상징한다. 이 구절은 전쟁으로 인해 파괴된 유럽 사회와 그 속에서 살아가는 인간들의 불안감과 절망감을 잘 표현하고 있으며, 시 전체의 주제를 담고 있는 중요한 구절 중 하나이다.

이처럼 《황무지》는 파편화된 언어와 구조를 통해 현대인의 혼란스러운 정신 상태를 잘 반영한다. 시 속에서 불안은 인간이 더 이상 확고한 신념이나 가치를 찾을 수 없는 시대적 상황에서 발생하는 필연적 감정으로 그려진다. 엘리엇은 이 시에서 인간이 영적 구원을 찾으려 하지만, 그 과정에서 마주하는 것은 무의미하고 부조리한 세계라는 점을 강조한다. 불안은 이러한 영적 공허 속에서 발생하며, 개인이 그 속에서 느끼는 혼란과 고통을 시적으로 형상화한다.

엘리엇의 또 다른 주요 작품 《**비관을 위한 노래**The Love Song of J. Alfred Prufrock》는 개인적 불안과 내면의 갈등을 주제로 한다. 이 시의 화자 프루프록은 사회적 부적응과 자기 회의 속에서 깊은 불안을 느끼며, 타인과의 관계에서 소외되고 고립된 인물로 그려진다. 프루프록의 불안은 자신이 타인에게 어떻게 보일지에 대한 두려움, 그리고 자신의 삶이 무의미하다는 자각에서 비롯된다. 엘리엇은 이를 통해, 현대인이 겪는 존재적 불안과 자기 회의의 심리를 탁월하게 표현한다.

실비아 플라스는 자신의 내면 깊숙이 자리한 불안과 고통을 시로 표현한 시인이다. 플라스의 시는 개인적인 경험과 감정에서 출발하며, 그녀의 불안과 절망은 종종 자아 분열, 죽음에 대한 집착, 그리고 여성으로서 겪는 사회적 억압과 연관되어 있다. 그녀의 작품은 깊은 내면적 고뇌와 불안을 극도로 강렬한 시적 언어로 담아내어, 독자들에게 강한 인상을 남긴다.

플라스의 대표작 《**거울**Mirror》은 불안을 시적 이미지로 표현한 탁월한 작품이다. 이 시에서 거울은 진실을 있는 그대로 반영하는 존재로, 화자는 거울을 통해 자신을 바라보면서 점점 더 깊은 불안을 느낀다. 시의 한 구절을 보자.

In me, she has drowned a young girl, and in me, an old woman
(나의 안에서, 그녀는 어린 소녀를 익사시킨다. 그리고 내 안에서 늙은 여자가)
Rise toward her day after day, like terrible fish.
(매일매일 그녀를 향해 떠오른다. 마치 끔찍한 물고기처럼.)

플라스는 이러한 표현을 통해 거울 속에서 보이는 자신의 모습은 점점 늙어가고, 그 속에서 화자가 자신의 정체성을 잃어가는 것에 대한 두려움과 불안을 보여준다. 이 시는 인간이 자신의 모습을 직시할 때 느끼는 불안과 그 속에서 자신을 이해하려는 노력의 고통을 생생하게 묘사한다.

또 다른 중요한 작품 《아리아엘Ariel》은 플라스의 불안을 더욱 격하게 표현한 시로, 자유와 파괴, 그리고 죽음의 이미지를 통해 내면의 불안을 드러낸다. 플라스는 이 시에서 자신의 내면에 깊이 자리한 죽음 충동과 그로 인한 불안을 강렬한 언어로 형상화하며, 불안이 단순히 심리적 상태가 아니라, 삶과 죽음 사이에서 겪는 극단적인 감정임을 보여준다. 또한 플라스는 이 작품에서 자신의 존재를 끊임없이 해체하고 재구성하면서 느끼는 불안을 표현함으로써 불안이 인간 존재의 본질적 측면임을 강조한다.

T.S. 엘리엇과 실비아 플라스는 서로 다른 시대와 배경에서 활동했지만, 그들의 시는 모두 불안을 중심 주제로 한다. 두 시인 모두 불안을 단순한 개인적 감정으로 그리지 않고, 인간 존재의 본질적

인 문제로 다루었다. 엘리엇은 현대사회의 부조리와 영적 공허 속에서 발생하는 불안을 묘사한 반면, 플라스는 자신의 내면에서 끊임없이 일어나는 불안과 고통을 시적 언어로 형상화했다.

두 시인은 불안을 형식적으로도 매우 독창적으로 표현했다. 엘리엇은 파편화된 언어와 다층적인 구조를 통해 현대인이 겪는 혼란과 불안을 반영했으며, 플라스는 극도로 개인적이고 내밀한 감정을 강렬한 이미지와 상징을 통해 전달했다. 이들의 시는 모두 불안이 인간 존재의 심오한 측면임을 보여주며, 독자들에게 불안이라는 감정을 깊이 이해하고 공감하게 만든다.

불안을 바라보는
한국 문학의 시선

"우리의 언어는 오래된 불안을 숨기고 있다."

● 염두연

한국 문학에서의 불안의 시선

한국 문학은 시대적, 사회적 변화 속에서 개인과 집단이 느끼는 불안을 다채로운 방식으로 표현해왔다. 특히 20세기 한국이 겪은 식민지 경험, 전쟁, 급격한 산업화, 그리고 현대사회의 복잡한 문제들은 문학 작품에서 '불안'이라는 주제를 다루는 데 중요한 배경이 되었다. 한국 문학에서 불안은 한 사람의 고독한 떨림으로만 그리지 않는다. 그것은 시대의 숨죽임 속에서 피어난 울림이며, 사회와 역사의 틈에서 드러나는 진실이다. 이 장에서는 그 불안이 어떤 얼굴로, 어떤 언어로 문학 속에 살아 숨 쉬는지를 세 가지 시선으로 탐색하고자 한다.

먼저, 한국 문학에서 불안은 역사적 경험과 밀접하게 연결되어 있다. 일제 강점기와 한국전쟁은 한국 사회에 깊은 상처를 남겼으며, 이로 인해 개인과 집단이 겪는 불안이 문학에 강하게 반영되었다. 이러한 역사적 경험은 집단적 트라우마로 남아, 많은 문학 작품에서 불안의 근원으로 작용한다.

예를 들어, **김동리**의 단편소설 **《무녀도》**는 일제 강점기와 관련된 불안을 상징적으로 묘사한다. 이 소설은 전통적인 신앙과 외래 종교가 충돌하면서 발생하는 혼란과 갈등을 통해, 한국 사회가 겪은 정체성의 위기와 그로 인한 불안을 형상화한다. 주인공 무녀의 불안은 단순히 개인적인 차원에서 발생한 것이 아니라 사회적, 역사적 변화 속에서 자신이 속한 세계가 근본적으로 흔들리는 데서 기인한다. 이 작품은 한국 사회가 겪은 급격한 변화와 그로 인한 집단적 불안을 한 개인의 삶을 통해 강하게 표현한다.

또한 **황순원**의 단편소설 **《소나기》**는 전쟁과 분단이라는 역사적 상황 속에서 개인이 겪는 불안을 다룬다. 전쟁과 그로 인한 가족의 분열, 그리고 개인의 삶이 무너지는 과정을 통해 황순원은 한국 사회가 겪는 집단적 불안과 상실감을 섬세하게 묘사했다. 이 작품에서 불안은 전쟁의 폭력성과 그로 인한 상실이 개인의 내면에 어떻게 영향을 미치는지를 보여주는 중요한 요소가 된다.

한국 문학에서 불안은 또한 급격한 사회적 변화와 관련이 깊다. 특히 20세기 후반과 21세기 초반의 급속한 산업화와 도시화 과정에서, 많은 사람들이 전통적인 가치관과 현대적 삶의 방식 사이에서 혼란을 느끼며 불안을 경험했다. 이 시기의 문학 작품들은 개인이 변화하는 사회적 환경 속에서 자신의 정체성을 어떻게 지키고, 불안을 극복할 수 있는지 보여준다.

이청준의 소설 **《당신들의 천국》**은 산업화와 군사 정권 시기를 배경으로, 사회적 불안과 인간 소외의 문제를 다룬다. 이 작품에서 불안은 사회적 시스템의 억압과 통제 속에서 개인이 느끼는 고립감과 무력감으로 나타난다. 즉, 주인공 조백헌은 소록도 병원장으로 부임하여 환자들을 위한 천국을 만들기 위해 노력하지만, 환자들과의 갈등과 자신의 한계를 느끼며 좌절한다.

주인공들은 이렇게 자신의 삶을 통제하지 못하는 상황에서 깊은 불안을 느끼며, 그 불안은 사회적 시스템과의 갈등 속에서 더욱 증폭된다. 이청준은 이러한 불안을 통해, 개인이 속한 사회적 구조가 어떻게 인간의 정신적, 정서적 안정을 위협하는지를 비판적으로 그려낸다.

김승옥의 단편소설 **《무진기행》**도 산업화와 도시화 속에서 개인이 겪는 불안을 강렬하게 묘사한다. 작품의 배경이 되는 '무진'이라는 가상도시는 이름을 풀어보면 '안개 나루'라는 뜻이다. 이 도시는 안개가 자욱하여 무엇 하나 뚜렷한 것이 없으며, 화자의 과거의 고뇌와 아픔이 담겨있는 곳이다. 화자는 무진에서 자신의 내면을 되돌아보고, 과거의 상처와 마주하게 된다. 작품 속 무진의 '안개'는 몽환적이고 비현실적이며 동시에 탈일상적인 공간을 대표하는 상징물이라 할 수 있다. 또한 허무의식, 답답함 등 복합적인 의미를 지넌다. 따라서 '무진'이라는 공간은 단순한 지역명이 아닌, 주인공의 내면세계를 상징하는 의미를 품고 있다고 할 수 있다.

이 소설에서 주인공 윤희중은 가상도시인 무진에서 자신의 과거와 마주하며, 현대사회에서 느끼는 불안과 고독을 경험한다. 윤희중의 불안은 빠르게 변화하는 사회 속에서 자신의 정체성과 삶의 의미를 잃어가는 과정에서 발생한다. 김승옥은 이 작품을 통해, 산업화가 가져온 사회적 변화가 개인에게 심리적 불안과 정체성의 혼란을 야기할 수 있음을 섬세하게 묘사했다.

마지막으로 한국 문학에서는 기술 발전과 현대사회의 복잡한 구조 속에서 발생하는 불안이 주요 주제로 다뤄진다. 정보화 시대와 소셜 미디어의 발달, 그리고 치열한 경쟁 사회에서 개인이 겪는 불안은 현대 한국 문학에서 중요한 위치를 차지하고 있다.

2024년 노벨문학상을 받은 작가 **한강**의 소설 **《채식주의자》**는 현대사회에서 개인이 느끼는 불안과 자아의 소외를 다룬다. 이 작품의 주인공 영혜는 갑자기 채식을 선언하며, 기존의 삶의 방식을 거부한다. 그녀의 선택은 가족과 사회로부터의 소외와 불안을 초래하며, 그녀는 점점 더 깊은 고립과 불안 속으로 빠져든다. 한강은 이 작품을 통해, 현대사회에서 개인이 겪는 정체성의 위기와 그로 인한 불안을 강렬하게 묘사하며, 인간이 사회적 규범과 기대 속에서 어떻게 소외되고 고립될 수 있는지를 보여준다.

김애란의 **《두근두근 내 인생》**은 현대사회의 불확실성과 미래에 대한 불안감을 중심으로 전개된다. 이 소설은 어린 나이에 아이를 가진 젊은 부부가 사회적 압박과 불확실한 미래 속에서 겪는 불안을 다루고 있다. 김애란은 이 작품을 통해, 현대사회의 경쟁과 압박이 개인의 삶에 어떤 영향을 미치는지를 섬세하게 묘사하며, 불안이 개인의 삶을 어떻게 잠식할 수 있는지를 보여준다.

마지막으로 **조남주**의 소설 **《82년생 김지영》**은 주인공 김지영의 삶을 통해 현대인이 겪는 불안과 우울을 섬세하게 다루고 있다. 김지영은 일상생활에서 겪는 성차별과 가족과의 관계, 직장 생활 등에서 발생하는 스트레스로 인해 불안감을 느끼게 된다. 소설은 김지영의 내면 심리를 묘사하면서, 현대사회에서 여성들이 직면하는 문제들을 제기한다. 남성 중심의 구조 속에서 소외당하는 여성의 불안, 경력이 단절된 여성이 미래를 향해 갖는 불안, 급변하는 사회 속에서 육아에 전념한 채 뒤처지며 자신의 본래 모습과 꿈을 잃어버리지 않을까 불안해하는 심리를 느긋하게 묘사하며 긴 여운을 남긴다.

한국 문학은 불안을 다양한 역사적, 사회적 맥락에서 탐구하며, 그 속에서 개인과 집단이 겪는 심리적 고통과 갈등을 깊이 있게 묘사해왔다. 한국 문학은 불안을 단순한 개인적 감정이 아니라, 사회적, 역사적 변화 속에서 발생하는 필연적인 감정으로 다루며, 이를 통해 독자들에게 공감과 성찰의 기회를 제공한다. 한국 문학에서 불안은 시대와 사회적 상황에 따라 다르게 표현되지만, 그 핵심은 인간 존재의 불확실성과 혼란을 드러내는 데 있다. 이러한 불안은 한국 사회가 겪어온 역사적 경험과 현대적 도전에 대한 깊은 통찰을 제공하며, 독자들이 자신의 삶과 불안을 이해하는 데 중요한 역할을 한다.

시각적으로 표현된
불안의 모습

"불안을 이겨내는 것이 아니라, 품고 함께 살아가는 기술이 필요하다."

회화에서의 불안 : 뭉크와 고흐

회화는 언어로 표현하기 어려운 인간의 감정과 내면 상태를 시각적 이미지로 전달하는 예술 형식이다. 특히 에드바르드 뭉크Edvard Munch와 빈센트 반 고흐Vincent van Gogh는 불안을 시각적으로 형상화한 대표적인 화가들이다. 이 두 화가는 자신들의 고통스러운 감정과 불안을 작품 속에 투영하여, 인간 내면의 복잡한 심리를 강렬하게 드러낸다. 뭉크와 고흐의 작품은 개인적 불안이 어떻게 보편적인 인간 경험으로 확장될 수 있는지를 잘 보여준다. 또한 그들이 작품을 통해 드러낸 독창적인 표현 방식은 현대 회화에서 불안이라는 주제를 탐구하는 데 중요한 영향을 미쳤다.

먼저, 에드바르드 뭉크는 불안이라는 감정을 시각적으로 가장

에드바르드 뭉크, 〈절규The Scream〉

잘 표현한 화가 중 한 명이다. 그의 대표작 **〈절규**The Scream〉는 불안이 어떻게 인간의 내면을 잠식하고 파괴할 수 있는지를 시각적으로 극대화한 작품이다. 이 그림에서 불안은 단순한 감정이 아니라, 존재를 압도하고 삼켜버릴 듯한 강렬한 공포로 표현된다.

〈절규〉에서 뭉크는 주인공의 왜곡된 얼굴과 굽이치는 배경을 통해 내면의 불안을 시각적으로 형상화한다. 그림 속 인물은 극도의 불안과 공포에 휩싸여 소리치고 있으며, 그 주변을 둘러싼 자연은 소용돌이치는 형태로 비현실적으로 그려져 있다. 이는 불안이 외부 세계를 어떻게 왜곡시키고, 개인의 감각을 혼란에 빠뜨리는지를 시각적으로 잘 보여준다. 뭉크는 색채와 선을 이용해 불안을 시각적으로 표현했으며, 이를 통해 내면의 심리적 상태를 외부 세계와 연결시켰다.

〈절규〉는 뭉크가 직접 경험한 심리적 고통과 불안에서 비롯된 작품이다. 뭉크는 정신적 불안정과 고립감을 강하게 느꼈는데 이러한 그의 상태가 작품에 그대로 반영되었다. 〈절규〉는 개인적 경험을 바탕으로 한 작품이지만, 그 불안감은 보편적인 인간 경험으로 확장될 수 있다. 이 작품은 현대사회에서 인간이 느끼는 불안과 공포를 상징적으로 표현한 대표적인 예로, 오늘날에도 여전히 강력한 공감을 불러일으킨다.

'불안'이라는 단어와 자연스럽게 연결되는 빈센트 반 고흐는 자신의 감정과 정신적 상태를 색채와 질감으로 표현한 화가로, 그의 작품에서도 불안과 고통이 중요한 주제로 나타난다. 고흐는 생애 동안 정신적 고통과 불안을 겪었으며, 이는 그의 작품 속에 깊이 스며들어 있다. 그는 자신의 내면을 화폭에 담아내며, 불안과 절망을 강렬한 색채와 거친 붓질로 표현했다.

고흐의 대표작 중 하나인 〈별이 빛나는 밤 The Starry Night〉은 불안과 고독을 시적으로 표현한 작품이다. 이 그림은 휘몰아치는 하늘과 소용돌이치는 별들, 그리고 어두운 마을의 대조를 통해 내면의 불안과 고통을 드러낸다. 즉 소용돌이치는 하늘은 고흐가 느꼈던 내면의 혼란과 불안을 시각적으로 상징하고 있으며, 그의 불안이 고독한 밤의 풍경 속에서 더욱 극대화된다. 고흐는 이 작품을 통해 자신의 정신적 상태를 반영하며 불안이 어떻게 외부 세계를 왜곡시키고, 동시에 아름다운 이미지로 승화될 수 있는지를 보여준다.

빈센트 반 고흐,
〈별이 빛나는 밤The Starry Night〉

　또한 고흐의 〈**자화상**Self-Portrait〉 시리즈에서도 불안과 자기 고찰이 강하게 드러난다. 이 자화상들은 고흐가 자신을 바라보는 시선과 불안을 표현한 작품들로, 그의 내면적 고통과 정신적 상태를 엿볼 수 있다. 고흐는 자화상을 통해 자신의 불안정한 정신 상태와 그것이 외부로 드러나는 방식을 탐구했다. 그의 자화상에서 두드러지는 거친 붓질과 강렬한 색채는 고흐가 겪고 있는 내면의 불안과 고통을 시각적으로 강화한다.

　고흐는 불안을 단순히 고통스러운 감정으로만 그리지 않고, 그것을 강렬한 색채와 독특한 표현 방식으로 승화시켰다. 그는 불안을 예술적으로 해석하고, 그것을 통해 자신의 감정과 정신 상태를 치유하려고 시도했다. 고흐의 작품은 불안이 인간의 내면에 어떻게 자리 잡고, 그것이 예술을 통해 어떻게 표현될 수 있는지를 잘 보여준다.

빈센트 반 고흐,
〈자화상Self-Portrait〉 시리즈

    에드바르드 뭉크와 빈센트 반 고흐는 불안을 시각적으로 형상화한 대표적인 화가들로, 그들의 작품은 오늘날까지도 인간 내면의 불안을 예술적으로 탐구하기 위한 중요한 사례가 된다. 두 화가는 각각의 독창적인 방식으로 불안을 표현했으며, 그들의 작품은 불안이 단순한 개인적 감정을 넘어, 인간 존재의 근본적인 문제로 자리 잡고 있음을 회화를 통해 잘 보여준다.

    뭉크는 불안을 외부 세계와 내면의 심리적 상태가 뒤섞인 강렬한 이미지로 표현했으며, 그의 작품은 불안이 인간 존재를 압도하고 파괴할 수 있는 힘을 가지고 있음을 시각적으로 드러냈다. 고흐는 자신의 불안을 강렬한 색채와 독특한 표현 방식으로 승화시켰으며, 그의 작품은 불안과 고통이 어떻게 예술적 창작의 원동력이 될 수 있는지를 보여준다.

두 화가의 작품은 오늘날에도 여전히 많은 사람들에게 강한 인상을 남기며, 불안이라는 감정을 이해하고 공감하는 데 중요한 역할을 한다. 그들의 작품은 불안이 인간 경험의 중요한 부분임을 상기시키며, 그것이 어떻게 예술을 통해 표현되고, 또 그 과정에서 치유될 수 있는지를 탐구하게 만든다.

현대 미술과 불안의 상징

현대 미술은 전통적인 회화와 조각의 경계를 넘어, 인간의 심리와 사회적 현실을 탐구하는 다양한 매체와 기법을 통해 '불안'을 표현해왔다. 20세기 초반의 역사적, 사회적 변동 속에서 태동한 현대 미술은 불안을 개인적 차원뿐만 아니라 집단적, 사회적 차원에서 시각적으로 형상화했다. 현대 미술에서 불안은 단순히 고통스러운 감정으로 그려지지 않고, 복잡하고 다층적인 상징을 통해 인간 존재의 근본적 문제를 탐구하는 도구로 사용된다. 불안은 때로는 붓끝에서, 때로는 캔버스의 침묵 속에서 모습을 드러낸다. 이제 몇몇 사조를 거닐며, 그 불안이 어떤 형상과 색채로 살아 숨 쉬었는지 함께 살펴보고자 한다.

초현실주의와 불안

초현실주의Surrealism는 현대 미술에서 불안을 상징적으로 표현한 대표적인 예술 운동이다. 초현실주의자들은 인간의 무의식 속에 감춰진 욕망과 공포, 불안을 탐구하고, 이를 시각적으로 드러내는 데 중점을 두었다. '**살바도르 달리**Salvador Dalí'와 '**르네 마그리트**René Magritte'와 같은 초현실주의 화가들은 현실과 꿈, 이성과 비이성의 경계를 허물며, 불안이 인간 내면에서 어떻게 발현되는지를 묘사했다.

달리의 작품 《**기억의 지속**The Persistence of Memory》은 비현실적으로 늘어진 시계들을 통해 시간과 현실에 대한 불안감을 표현한다. 이 작품에서 시간은 고정되지 않고 유동적으로 변형되며, 이는 인간이 느끼는 불안정성과 현실의 부조리함을 상징한다. 달리는 이처럼 비현실적인 이미지들을 통해 불안이 일상적인 사물들에 스며들어 있는 감정임을 시각적으로 표현했다.

르네 마그리트는 그의 작품 《**이미지의 배반**The Treachery of Images》에서 파이프 그림과 함께 '이것은 파이프가 아니다Ceci n'est pas une pipe'라는 문구를 사용함으로써, 언어와 이미지 사이의 괴리를 강조한다. 이 작품은 현실과 상징 사이의 혼란을 통해 불안을 유발하며, 우리가 보고 있는 것이 실제와 다를 수 있다는 점에서 불안감을 조성한다. 마그리트는 이러한 방식으로 인간이 일상적으로 경험하는 불안을 철학적으로 탐구하며, 그것을 예술로 형상화했다.

표현주의와 불안

　표현주의Expressionism 역시 현대 미술에서 불안을 중요한 주제로 다룬 예술 운동이다. 표현주의 화가들은 내면의 고통과 불안을 과장된 형태와 강렬한 색채로 표현하며, 인간의 심리적 상태를 시각적으로 드러냈다. **에곤 실레**Egon Schiele와 **에드바르드 뭉크**는 표현주의의 대표적인 작가들로, 그들의 작품은 인간의 내면에 자리한 불안과 고통을 생생하게 보여준다.

　실레의 〈자화상〉은 불안과 고통을 강렬하게 표현한 작품들로, 그의 왜곡된 신체와 표정은 불안과 고독, 그리고 내면의 갈등을 극명하게 드러낸다. 실레는 어린 시절부터 병약했고, 가족과의 관계에서도 어려움을 겪었다. 당시 보수적인 사회 분위기 속에서 자신의 예술적 신념을 지키기 위해 노력했던 실레는 자신의 작품을 통해 이러한 불안감을 반영했을 것으로 보인다. 실레는 자신의 신체를 통해 인간 존재의 취약성과 불안감을 보여주며, 이를 극도로 감정적

에곤 실레, 〈자화상〉

인 방식으로 표현했다. 실레의 작품은 인간의 내면과 사회적 환경 사이의 상호작용을 통해 형성되는 불안의 본질을 탐구하는 데 중요한 역할을 한다.

뭉크의 〈절규〉는 표현주의의 대표작으로, 앞서 언급한 것처럼 극도의 불안과 공포를 시각적으로 상징화한 작품이다. 뭉크는 강렬한 색채와 왜곡된 형태를 사용해 불안이 인간의 내면과 외부 세계를 모두 왜곡할 수 있는 강력한 감정임을 드러냈다. 이 작품은 현대 미술에서 불안을 표현하는 데 있어 상징적으로 중요한 위치를 차지하며, 불안이 어떻게 인간 경험의 보편적 측면으로 인식될 수 있는지를 보여준다.

추상 표현주의와 불확실성의 미학

20세기 중반, **잭슨 폴록**Jackson Pollock**과 마크 로스코**Mark Rothko와 같은 추상 표현주의Abstract Expressionism 작가들은 불안을 추상적인 형식과 색채를 통해 표현했다. 이들은 전통적인 형식과 구성을 거부하고, 자유로운 붓질과 색의 배치를 통해 불안과 혼란, 그리고 인간 존재의 불확실성을 탐구했다.

폴록의 '드리핑Painting in Dripping' 기법은 통제되지 않은 붓질과 물감의 흐름을 통해 불안과 혼돈을 시각적으로 표현한다. 그의 작품은 계획된 구도 없이 즉흥적으로 그려지며, 이는 불안과 같은 통제 불가능한 감정을 시각적으로 형상화한다. 폴록의 작업은 불안이 인간의 의지나 통제를 넘어선 감정임을 강조하며, 그 불확실성과 혼란을 예술적으로 표현한 중요한 시도로 평가된다.

또 로스코는 대형 캔버스에 단순한 색의 블록을 사용해 깊은 감정적 반응을 이끌어내는 작품을 제작했다. 그의 작품은 색채의 배치를 통해 인간의 내면에 자리한 불안과 고독을 표현하며, 관객에게 심리적 영향을 미친다. 로스코의 작업은 불안이 시각적 이미지뿐만 아니라, 색채와 같은 추상적 요소를 통해서도 강렬하게 전달될 수 있음을 보여준다.

현대 미술에서 불안은 다양한 상징적 이미지와 기법을 통해 표현되며, 그 의미는 시대와 예술가에 따라 다르게 해석된다. 이렇게 초현실주의, 표현주의, 그리고 추상 표현주의는 각기 다른 방식으로 불안을 시각적으로 형상화했지만, 이를 통해 불안이 인간 경험의 본질적 부분임을 강조했다는 점은 같다. 즉 초현실주의와 표현주의, 추상 표현주의는 모두 불안을 중심 주제로 삼아 인간 존재의 복잡성을 탐구하며, 이를 통해 불안이 현대사회와 개인의 삶에서 얼마나 중요한 위치를 차지하고 있는지를 잘 드러낸다. 예술가들은 이렇게 불안을 통해 현대인의 내면을 탐구하며, 그 과정에서 새로운 시각적 언어와 상징을 창조해냈다.

현대 미술에서 불안은 종종 인간의 정체성 혼란, 사회적 고립, 그리고 존재의 불확실성 등과 관련된 주제로 나타난다. 또한 불안은 단순한 개인의 감정 표현을 넘어, 인간의 심리적, 사회적 문제를 탐구하는 중요한 주제로 자리 잡았다. 현대 미술은 불안을 통해 인간 존재의 복잡성과 불확실성을 탐구하며, 이를 통해 관객에게 감정적, 지적 반응을 이끌어내며, 내면에 대한 깊은 성찰을 유도하는 중요한 역할을 한다.

음악 속에 드러난
불안의 소리

클래식 음악에서의 불안: 베토벤과 말러

음악은 언어로 표현하기 어려운 감정과 내면의 상태를 전달하는 강력한 매체다. 이런 음악적 표현을 통해 불안을 전달한 대표적인 작곡가들로는 **루트비히 반 베토벤**Ludwig van Beethoven과 **구스타프 말러**Gustav Mahler가 있다. 이 두 작곡가는 클래식 음악을 통해 인간이 겪는 심리적 불안과 내면의 갈등을 강렬하게 표현했으며, 그들의 작품은 불안이라는 감정이 음악적으로 어떻게 형상화될 수 있는지를 잘 보여준다.

베토벤: 내면의 갈등과 불안의 표현

루트비히 반 베토벤은 고전주의와 낭만주의 사이에서 활동한 작곡가로, 그의 음악에서 우리는 개인이 느낀 고통과 내면의 갈등을 엿들을 수 있다. 베토벤은 청각을 상실하는 비극적인 상황 속에서도 음악적 혁신을 멈추지 않았으며, 그의 작품에는 이러한 내적 불안과 갈등이 강하게 드러난다.

베토벤의 〈교향곡 제5번 다단조, Op. 67〉을 모르는 사람은 없을 것이다. 아마도 '베토벤' 하면 가장 먼저 떠오르는 곡일 테니 말이다. 이 곡은 그의 불안을 상징적으로 표현한 대표적인 작품으로, 〈운명 교향곡〉이라는 별칭으로 더 잘 알려져 있다. 이 곡은 '운명과의 싸움'이라는 주제를 통해 불안을 강렬하게 전달한다. 첫 번째 악장에서는 운명의 문을 두드리는 듯한 짧고 강렬한 네 개의 음으로 시작되며, 이는 불안과 위협을 상징한다. 이 네 음의 동기가 반복적으로 등장하면서 긴장감을 조성하고, 불안한 감정을 극대화한다. 또한 **베토벤**의 〈**피아노 소나타 제14번 올림다단조, Op. 27-2〉, 일명 〈월광 소나타〉**는 그 서정적인 선율 속에 깊은 내면의 불안과 고독을 담고 있다. 첫 악장은 느리고 음울한 분위기를 자아내며, 이는 베토벤이 청각을 상실하면서 겪었던 절망과 불안을 반영한 것으로 해석된다. 이 소나타는 표면적으로는 평온해 보이지만, 그 이면에 자리한 불안과 슬픔이 선율을 통해 고스란히 전달된다.

베토벤의 작품들은 그의 개인적 고통과 불안을 음악적으로 형상화한 것으로, 이 곡들을 완성해가는 과정에서 그는 음악이 어떻게 심리적 상태를 표현할 수 있는지를 탐구했다. 그의 교향곡과 소나타는 불안이라는 감정을 단순히 전달하는 것을 넘어, 그것을 극복하려는 인간의 의지를 담고 있다. 베토벤은 불안을 음악적 주제로 삼아, 그것이 어떻게 인간의 내면을 흔들고 동시에 그 안에서 성숙하게 만드는지를 보여준다.

구스타프 말러: 인간 존재와 깊이 연결된 불안이라는 감정에 대하여

구스타프 말러는 후기 낭만주의를 대표하는 작곡가로, 그의 작품은 인간 존재의 근본적인 불안과 죽음에 대한 집착을 중심으로 한다. 말러는 자신이 겪은 개인적 비극과 존재에 대한 철학적 성찰을 음악에 담았으며, 그의 교향곡들은 이러한 불안과 고뇌를 표현한 거대한 서사시와 같다.

말러의 〈교향곡 제2번 다단조 '부활'Resurrection Symphony〉은 인간 존재의 불안과 죽음에 대한 명상으로 가득 찬 작품이다. 이 교향곡은 죽음 이후의 삶, 부활이라는 주제를 다루고 있으며, 그 과정에서 불안과 희망, 절망이 복잡하게 얽혀 있다. 첫 악장은 죽음의 그림자와 불안을 강렬하게 묘사하며, 고조되는 긴장감과 함께 불안이 음악적으로 표현된다. 말러는 이 작품에서 인간이 겪는 죽음에 대한 두려움과 그로 인한 불안을 심도 있게 탐구하며, 이를 음악적 서사로 승화시킨다.

또한, **말러**의 〈교향곡 제9번〉은 그가 마지막으로 완성한 교향곡으로, 죽음에 대한 불안을 중심 주제로 삼고 있다. 이 작품은 말러의 불안한 심리 상태와 죽음에 대한 강한 집착을 반영하며, 그가 삶의 끝자락에서 느낀 불안과 절망이 음악적으로 강렬하게 표현된다. 교향곡의 마지막 악장은 서서히 사라져 가는 듯한 조용한 선율로 마무리되며, 이는 존재의 끝과 함께 찾아오는 불안을 상징한다. 말러는 이 작품을 통해 불안이 인간 존재의 필연적 일부임을 강조하며, 그것이 삶과 죽음을 이해하는 데 중요한 요소임을 보여준다.

말러의 음악은 불안이 인간의 존재와 깊이 연결된 감정임을 드러내며, 자신이 완성한 교향곡들을 통해 이러한 불안을 극적으로 표현한다. 그는 불안을 단순히 두려움으로만 그리지 않고, 그것을 존재에 대한 성찰의 기회로 승화시키며, 그 속에서 인간의 내면을 깊이 탐구했다.

루트비히 반 베토벤과 구스타프 말러는 각각의 시대적 배경과 개인적 경험을 바탕으로 불안을 음악적으로 형상화한 작곡가들이다. 베토벤은 개인의 내적 갈등과 운명에 맞서는 불안을 표현했으며, 말러는 존재의 불안과 죽음에 대한 깊은 철학적 성찰을 음악으로 전달했다. 두 작곡가는 인간에게 필연일 수밖에 없는 불안이란 감정을 부정적으로 다루지 않고, 그것을 인간 존재의 근본적 측면으로 탐구하며, 이를 통해 음악이 어떻게 심리적 상태를 전달할 수 있는지를 보여주었다.

클래식 음악에서 불안은 베토벤과 말러 외에도 수많은 작곡가들이 탐구한 중요한 주제이다. 이들은 음악을 통해 '불안'을 청각적으로 전달하며, 이를 통해 인간 존재의 복잡성과 심오함을 표현하기 위해 노력했다. 특히 베토벤과 말러의 작품은 불안이 인간 경험의 필수적인 부분임을 보여주며, 이를 통해 청중이 자신의 내면과 마주하고, 불안을 이해하는 데 도움을 준다. 그들의 음악은 불안이 예술을 통해 어떻게 승화될 수 있는지를 보여주는 중요한 예술적 성과라고 할 수 있다.

현대 음악과 불안의 리듬

현대 음악은 불안이라는 감정을 독특한 리듬과 음향을 통해 표현하며, 이를 통해 인간의 내면에 자리한 불안감을 탐구하고 전달한다. 20세기 이후의 현대 음악은 기존의 전통적 형식에서 벗어나, 불협화음, 파격적인 리듬, 실험적인 음향을 사용하여 불안의 감정을 더욱 직접적이고 강렬하게 표현하는 특징을 보인다. 이러한 음악적 접근은 불안이 단순한 감정이 아니라, 현대인의 복잡한 심리 상태와 사회적 맥락을 반영하는 중요한 요소임을 드러낸다.

아르놀트 쇤베르크 Arnold Schoenberg는 불안의 음악적 표현을 탐구한 중요한 현대 작곡가 중 한 명이다. 그의 화음을 탈피한 '불협화음Dissonance'과 조성을 탈피한 '무조음악Atonality'은 현대 음악에서 불안을 표현하는 데 있어 중요한 역할을 한다. 쇤베르크는 전통적인 조성 체계를 벗어나, 불안정한 음조와 불협화음을 사용해 청중에게 긴장감과 불안을 전달했다.

또 **쇤베르크**의 〈달에 홀린 피에로Pierrot Lunaire〉는 불안과 혼란을 시각적 리듬으로 표현한 대표적인 작품이다. 이 작품은 무조적인 음향과 파격적인 리듬을 통해, 인간 내면의 불안을 강렬하게 드러낸다. 쇤베르크는 전통적인 음악 형식을 해체하고, 불안한 감정을 실험적이고 불협화적인 음조로 표현함으로써, 현대사회의 불안감을 음악적으로 형상화했다. 이러한 음악적 표현은 청중에게 심리적 불안과 긴장감을 조성하며, 불안이 인간 경험의 핵심적인 측면임을 강조한다.

반복적인 리듬과 간결한 구조를 통해 불안의 리듬을 탐구한 또 다른 현대 음악의 흐름으로 미니멀리즘 음악을 꼽을 수 있다. **필립 글래스**Philip Glass와 **스티브 라이히**Steve Reich와 같은 미니멀리즘 작곡가들은 단순하면서도 반복적인 리듬을 통해, 불안이 어떻게 인간의 내면에 지속적으로 영향을 미치는지를 음악적으로 표현했다. **필립 글래스**의 〈코야니스카치Koyaanisqatsi〉는 미니멀리즘 음악의 대표작으로, 도시화와 기술 발전이 가져온 불안과 혼란을 시각적 리듬으로 묘사한다. 이 작품은 반복적인 리듬과 음형을 통해, 현대사회의 빠르게 변화하는 환경 속에서 인간이 느끼는 불안을 전달한다. 글래스의 음악은 불안이 일상 속에서 반복적으로 나타나는 감정임을 강조하며, 이를 통해 현대인이 겪는 지속적인 불안을 표현한다.

스티브 라이히의 〈디퍼런트 트레인즈Different Trains〉는 반복적인 리듬과 음성 샘플을 통해, 2차 세계대전 중 유대인들이 겪었던 불안과 공포를 표현한 작품이다. 이 작품은 철도 소리와 함께 반복되는 리듬을 통해, 불안이 특정 역사적 경험 속에서 어떻게 지속적으로 나타나는지를 음악적으로 전달한다. 라이히는 반복과 변화 없는 리듬을 사용해, 불안이 일상적으로 반복되는 경험임을 시사하며, 이를 통해 청중에게 심리적 긴장감을 유발한다.

전자음악은 전통적인 악기를 벗어나, 전자적 소리와 합성음을 통해 불안을 탐구하는 현대 음악의 중요한 장르이다. **브라이언 이노** Brian Eno와 같은 전자음악 작곡가들은 음향의 변조와 비정형적 소리를 사용해, 불안의 리듬을 새롭게 표현했다. 이노는 전자음악을 통해, 불안이 어떻게 소리 자체를 통해 전달될 수 있는지를 탐구했으며, 이를 통해 현대사회의 복잡한 심리 상태를 반영했다.

브라이언 이노의 〈On Land〉 앨범은 전자음악을 통해 불안을 표현한 대표적인 예로, 음향의 변조와 불규칙한 리듬을 통해 불안을 시각적으로 형상화했다. 이 앨범은 특정한 멜로디나 리듬에 의존하지 않고, 대신 음향적 환경을 통해 불안을 조성하며, 이를 통해 청중에게 불안감을 전달한다. 이노의 전자음악은 불안이 고정된 형태가 아닌, 유동적이고 변모하는 감정임을 시사하며, 이를 통해 청중이 불안의 리듬을 새로운 방식으로 경험하게 만든다.

또한 현대의 **아포칼립틱 사운드**Apocalyptic Sound 장르는 불안의 리듬을 표현하는 또 다른 음악적 접근이다. 이 장르에서는 극단적인 음향과 파괴적인 리듬을 통해, 불안과 혼란을 강조한다. 아포칼립틱 사운드는 종종 디스토션과 왜곡된 음향을 사용해, 불안과 불확실성을 극대화하며, 이를 통해 청중에게 심리적 긴장감을 유발한다.

현대 음악에서 불안의 리듬은 감정적 표현을 넘어, 인간의 복잡한 내면과 사회적 상황을 반영하는 중요한 요소로 작용한다. 불협화음과 무조성, 반복적 리듬, 전자음향 등 다양한 음악적 기법을 통해, 현대 음악은 불안을 독창적이고 강렬한 방식으로 표현하며, 이를 통해 청중에게 깊은 감정적 반응을 이끌어낸다. 특히 비정형적이고 파괴적인 리듬은 현대인이 겪는 불안정성과 혼란을 잘 반영한다. 이러한 음악적 표현은 불안이 현대사회에서 얼마나 중요한 감정인지, 그리고 그것이 인간 경험의 필수적인 부분임을 상기시킨다.

현대 음악은 불안을 독창적인 리듬과 음향을 통해 탐구하고 표현하는 중요한 예술적 영역이다. 많은 작곡가들은 다양한 방식과 접근을 통해 불안의 리듬을 형상화하며, 이를 통해 청중에게 강렬한 감정적 경험을 제공하기 위해 노력해왔다. 불안은 현대 음악에서 단순한 주제가 아니라 인간의 내면과 사회적 현실을 탐구하는 도구로서 작용하며, 이를 통해 현대사회의 복잡성과 불확실성을 반영하는 중요한 요소로 자리 잡고 있다.

영화 속에 드러난
불안의 심리학

히치콕과 불안의 시네마

알프레드 히치콕 Alfred Hitchcock은 '서스펜스의 거장(영화감독 장 뤽 고다르는 '히치콕을 히틀러나 나폴레옹 이상으로 세계를 공포에 떨게 만든 사람')'으로 불리며, 그의 영화는 불안을 심리적 긴장감과 결합하여 탁월하게 표현한 대표적인 예술적 작품들로 평가받는다. 히치콕은 영화라는 매체를 통해 불안을 시각적으로, 그리고 심리적으로 강렬하게 전달했으며, 그의 작품들은 불안이 인간 심리의 깊은 곳에서 발생하는 복합적인 감정임을 드러낸다. 히치콕의 시네마는 불안의 심리학을 탐구하는 데 있어 중요한 역할을 하며, 이를 통해 관객들에게 지속적인 긴장감과 심리적 불편함을 유도한다.

히치콕의 영화에서 가장 두드러지는 특징 중 하나는 서스펜스를 통한 불안의 조성이다. 서스펜스는 관객이 사건의 결과를 미리 알지만, 영화 속 인물들은 이를 알지 못하는 상황에서 발생하는 긴장감을 의미한다. 히치콕은 이 서스펜스를 극도로 활용하여 관객들이 화면에 집중하게 만들고, 그들이 느끼는 불안을 서서히 고조시킨다. 이 과정에서 관객들은 불안을 지속적으로 느끼며, 영화 속 인물들과 동일시되거나 그들의 상황에 감정적으로 몰입하게 된다. 히치콕은 종종 중요한 정보를 관객에게 제공하면서도, 이를 영화 속 인물들이 알아차리지 못하게 함으로써 관객들이 긴장감과 불안을 느끼도록 유도했다. 이러한 서스펜스는 히치콕 영화의 핵심 요소로, 관객들이 불안을 느끼도록 하는 심리적 장치로 작용한다.

히치콕은 영화 속에서 특정한 공간적 환경을 통해 불안을 조성하는 데 능숙하다. 그의 영화에서 자주 등장하는 밀폐된 공간, 좁은 복도, 제한된 시야 등은 관객에게 불안감을 증폭시키는 요소로 작용한다. 이러한 공간적 연출은 인물들이 갇힌 느낌을 주며, 이들이 위험에 처했을 때 관객들도 함께 불안을 느끼게 만든다.

대표적인 예로, 히치콕의 영화 〈이창Rear Window〉에서 주인공 제프(제임스 스튜어트 분)는 다리가 부러져서 아파트에 갇혀 있는 상태에서 다른 사람들의 삶을 엿본다. 이 영화는 밀폐된 공간과 제한된 시야라는 두 가지 요소를 결합하여 불안을 조성한다. 제프의 시야는 아파트 창문을 통해서만 밖을 볼 수 있기 때문에, 그는 자신이 보는 것에 대해 확신할 수 없으며, 이로 인해 불안과 긴장이 고조된다. 히치콕은 관객들이 제프의 시각과 감정에 몰입하게 만들어, 그가 느끼는 불안을 그대로 체험하도록 한다.

〈싸이코Psycho〉에서도 히치콕은 밀폐된 공간을 통해 불안을 조성한다. 영화 속 모텔의 어두운 방과 좁은 샤워실은 불안감을 극대화하는 공간적 요소로 작용한다. 특히 유명한 샤워 장면에서, 히치콕은 제한된 시야와 갑작스러운 공격을 통해 관객에게 충격과 함께 불안을 전달한다. 이 장면은 밀폐된 공간이 어떻게 심리적 불안을 증폭시킬 수 있는지를 잘 보여준다.

또 히치콕은 영화 편집 기법, 특히 몽타주를 통해 불안감을 효과적으로 조성했다. 몽타주란 빠르게 전환되는 장면들을 연결함으로써 긴장감과 감정적 반응을 유도하는 기법이다. 히치콕은 이 기법을 통해 관객들이 불안과 공포를 느끼도록 연출했다. 예를 들어, 영화 〈새The Birds〉에서 새들이 갑작스럽게 인간을 공격하는 장면에서 히치콕은 몽타주 기법을 사용한다. 새들이 인간을 공격하는 순간을 다양한 각도에서 촬영한 짧은 컷으로 연결하여, 관객들에게 불안과 공포를 증폭시키는 시각적 경험을 제공한 것이다. 이 장면에서는 새들의 공격이 점점 더 강렬해지며, 관객들은 긴장감이 고조되는 과정을 체험하게 된다.

〈싸이코〉에서도 히치콕은 몽타주 기법을 사용해 불안을 극대화한다. 샤워 장면에서 짧은 컷들이 빠르게 전환되며, 관객들은 공격의 충격과 주인공의 공포를 강렬하게 느끼게 된다. 이러한 편집 기법은 관객의 불안감을 점진적으로 고조시키며, 히치콕 영화의 독특한 긴장감을 형성하는 데 중요한 역할을 한다.

히치콕은 영화의 사운드를 통해서도 불안을 조성하는 데도 탁월했다. 그의 영화에 사용된 배경 음악과 음향 효과는 관객들이 불안과 긴장을 느끼도록 만드는 중요한 요소로 작용했다.

한 예로, 〈싸이코〉의 샤워 장면을 기억할 것이다. 이때 사용된 **버나드 허만**Bernard Herrmann의 현악기 스코어는 이 장면의 불안을 극대화하는 데 큰 역할을 한다. 날카로운 바이올린 소리는 칼날의 베임을 상징적으로 나타내며, 관객들에게 극도의 불안을 느끼게 한다. 이 장면에서 히치콕은 시각적 연출과 사운드를 결합하여, 불안과 공포를 극대화하는 효과를 만들어냈다.

또한 〈새〉에서는 음악이 전혀 사용되지 않았으며, 새들의 날갯짓 소리와 울음소리만으로 불안을 조성했다. 히치콕은 이러한 자연의 소리를 활용하여, 관객들이 일상적이고 평화로운 것들조차도 갑작스러운 위험의 원천이 될 수 있음을 느끼게 했다. 이러한 음향적 연출은 히치콕 영화에서 불안이 어떻게 일상적인 소리와 결합하여 강화될 수 있는지를 보여준다.

히치콕의 영화는 불안의 심리를 탐구하는 데 중요한 역할을 하는 작품들로, 그의 영화는 불안이 인간 심리의 본질적이고 복합적인 요소임을 드러낸다. 히치콕은 서스펜스, 공간적 연출, 편집 기법, 그리고 사운드를 통해 불안을 심리적으로 조성하고, 이를 통해 관객들이 극도의 긴장감을 느끼도록 만든다. 그의 작품들은 불안이 공포를 넘어서, 인간의 심리 상태와 깊이 연결된 감정임을 보여주며, 이를 통해 영화가 어떻게 심리적 불안을 탐구하고 전달할 수 있는지를 잘 보여준다.

히치콕은 불안을 통해 관객들이 자신의 내면과 마주하게 만들고, 그들이 느끼는 감정적 반응을 통해 인간 경험의 복잡성과 심오함을 탐구했다. 그의 영화는 불안이 인간 존재의 필수적인 부분임을 강조하며, 이를 통해 관객들이 자신의 불안을 이해하고 수용할 기회를 제공한다.

히치콕은 불안을 영화적으로 형상화하는 데 탁월한 재능을 가진 감독으로, 그의 작품은 불안의 심리학적 측면을 깊이 탐구했다. 히치콕의 작품들은 오늘날에도 여전히 강한 인상을 남기며, '불안의 시네마'라는 새로운 장르를 개척한 예술적 성취자로 평가받는다.

현대 영화에서의 불안한 풍경

종종 현대 영화가 보여주는 다양한 시각적 풍경 속에서 우리는 사회적, 기술적 환경에 놓인 인간이 지니는 불안을 느낄 수 있다. 현대 영화는 인간 존재의 불안정성과 혼란, 사회적 고립, 정체성의 위기 등을 시각적 이미지와 서사 속에 담아내며, 이를 통해 관객들에게 강렬한 감정적 반응을 불러일으킨다. 현대 영화에서 불안한 풍경은 단순한 배경이 아니라, 불안의 정서를 강화하고 내면의 갈등을 시각화하는 중요한 요소로 작용한다.

한 예로, 디스토피아 영화는 현대사회의 불안을 반영하는 대표적인 장르 중 하나이다. 이 장르에서 불안은 종종 파괴된 환경, 황폐한 도시, 그리고 억압적인 사회 구조를 통해 시각적으로 표현된다. 디스토피아적 풍경은 인간의 무력감과 소외, 그리고 존재의 불안정을 시각적으로 강화하는데, 이는 미래에 대한 불안과 현재 사회의 문제를 반영한다.

예를 들어, **리들리 스콧**Ridley Scott의 **〈블레이드 러너**Blade Runner〉는 디스토피아적 환경을 통해 현대사회의 불안을 시각적으로 극대화한 영화이다. 이 영화 속의 로스앤젤레스는 어두운 도시 풍경과 인공적인 빛, 거대 기업이 지배하는 사회 구조를 통해, 인간 존재의 불안정성과 정체성 혼란을 시각화한다. 영화는 인간과 인조인간(레플리칸트) 사이의 경계를 모호하게 설정함으로써, 관객들에게 존재와 정체성에 대한 불안을 불러일으킨다. 이러한 디스토피아적 풍경은 현대인이 겪는 불안과 혼란을 시각적으로 표현한 대표적인 예시이다.

현대 영화에서 자연과의 단절은 불안을 시각화하는 중요한 주제로 등장한다. 이러한 영화들은 인간이 자연과 멀어질수록 느끼는 불안과 고립감을 시각적으로 표현하며, 이를 통해 자연과의 연결이 인간에게 얼마나 중요한지를 강조한다.

알폰소 쿠아론 Alfonso Cuarón의 〈그래비티Gravity〉를 기억할 것이다. 이 영화는 우주라는 광활한 공간 속에서 인간이 느끼는 불안을 극적으로 묘사한 영화이다. 영화 속 주인공은 우주의 무중력 상태에서 완전히 고립된 상황에 처하게 되며, 이 과정에서 그녀가 느끼는 불안과 공포가 시각적으로 표현된다. 무한한 공간 속에서의 고립은 인간 존재의 취약함과 불안정성을 상징하며, 자연과의 단절이 인간에게 어떤 심리적 영향을 미치는지를 시각적으로 보여준다.

또한, **데이비드 핀처**David Fincher의 〈파이트 클럽Fight Club〉은 자연과의 단절뿐만 아니라, 물질주의적 사회 속에서 인간이 느끼는 불안을 시각적으로 표현하고 있다. 영화 속 도시 풍경은 인공적이고 차가운 이미지로 가득하며, 주인공이 경험하는 내면의 혼란과 불안을 강화한다. 핀처는 자연과의 단절이 인간을 얼마나 소외시키고, 그로 인해 발생하는 불안이 얼마나 깊을 수 있는지를 강렬한 시각적 이미지로 전달한다.

현대 영화에서 미로와 같은 복잡한 구조는 불안을 시각화하는 중요한 요소로 작용한다. 이러한 구조는 관객에게 혼란과 불안감을 주며, 등장인물들이 길을 잃고 방황하는 모습을 통해 불안정한 상태를 강조한다. **크리스토퍼 놀란**Christopher Nolan의 〈인셉션Inception〉은 미로와 같은 복잡한 꿈의 세계를 배경으로, 인간의 불안과 심리적 갈등을 탐구한다. 영화 속에서 꿈과 현실이 뒤섞이며, 등장인물들은 점점 더 깊은 혼란과 불안 속으로 빠져들게 된다. 놀란은 미로와 같은 구조를 통해, 불안이 인간의 내면과 현실 인식에 어떻게 영향을 미치는지를 시각적으로 형상화했다. 이러한 복잡한 구조는 불안이 단순히 외부 환경에서 비롯된 것이 아니라, 인간의 정신적 구조와 깊이 연관된 감정임을 시사한다.

스탠리 큐브릭 Stanley Kubrick의 〈**샤이닝**The Shining〉도 미로와 같은 구조를 통해 불안을 극대화한 작품이다. 영화 속 오버룩 호텔은 끝없이 이어지는 복도와 수많은 방으로 구성된 미로 같은 공간으로, 주인공이 점점 더 미쳐가는 과정에서 이 공간은 극도의 불안을 조성한다. 큐브릭은 이 호텔을 통해 공간 자체가 인간의 심리에 얼마나 강력한 영향을 미칠 수 있는지를 시각적으로 표현했으며, 불안이 공간적 환경과 어떻게 연결될 수 있는지를 탐구했다.

현대 영화에서는 자아의 불안정성과 정체성의 혼란이 중요한 주제로 다루어지며, 이는 종종 변화하는 풍경과 함께 시각적으로 표현된다. 이러한 영화들은 인물들이 자신의 정체성을 찾지 못하거나, 자신이 속한 세계에서 소외감을 느끼는 과정을 통해 불안을 조성한다.

데이빗 린치 David Lynch의 〈**멀홀랜드 드라이브**Mulholland Drive〉는 인간의 정체성과 불안을 탐구하는 영화로, 변화하는 시각적 풍경을 통해 내면의 불안을 시각화한다. 영화는 현실과 환상이 뒤섞이며, 주인공의 정체성이 혼란에 빠지는 과정을 그린다. 린치는 불안한 꿈과 같은 장면들을 통해, 관객들이 현실과 환상 사이에서 느끼는 불안을 경험하도록 유도한다. 이 과정에서 변화하는 풍경은 주인공의 불안정한 내면세계를 반영하며, 정체성 혼란이 불안의 핵심임을 강조한다.

또한 **찰리 카우프먼**Charlie Kaufman의 〈**이레셔널 맨**Eternal Sunshine of the Spotless Mind〉은 기억과 정체성의 변화를 통해 불안을 시각적으로 표현한 작품이다. 영화 속에서 기억이 삭제되거나 변형되면서, 주인공들은 자신의 정체성을 잃어가며 깊은 불안을 느낀다. 카우프먼은 이러한 과정을 시각적 풍경의 변화로 표현하여, 불안이 정체성의 불확실성과 깊이 연결되어 있음을 시사한다.

현대 영화는 불안을 시각적으로 표현하는 다양한 기법을 사용하며, 이를 통해 관객들에게 강렬한 감정적 경험을 제공한다. 디스토피아적 환경, 자연과의 단절, 미로 같은 구조, 그리고 정체성의 혼란 등 다양한 시각적 요소들은 현대인이 느끼는 불안을 시각적으로 형상화하는 중요한 도구로 사용된다. 이러한 영화들은 불안이 인간의 내면과 사회적 환경 속에서 발생하는 복잡한 감정임을 보여주며, 이를 통해 관객들이 자신의 불안과 마주할 기회를 제공한다. 현대 영화에서 불안한 풍경은 인간 존재의 불확실성과 고독, 그리고 심리적 갈등을 시각적으로 탐구하는 중요한 예술적 표현이다.

연극과 불안의
극적 표현

비극과 불안의 연극적 해석

 연극은 인간의 감정과 심리를 극적으로 표현하는 예술 형태로, 불안은 비극적인 서사를 통해 강렬하게 드러난다. 고대 그리스부터 현대에 이르기까지 비극은 인간 존재의 불안정성과 필연적 고통을 탐구하는 데 중요한 역할을 해왔다. 비극적 연극은 인간이 자신의 한계와 운명을 직면하며 느끼는 불안과 공포를 무대 위에서 극적으로 재현하며, 이를 통해 관객들에게 깊은 감정적, 지적 반응을 유도한다.

 고대 그리스 비극은 불안을 탐구하는 연극의 시초로, 인간이 자신의 운명과 한계를 마주할 때 느끼는 불안을 중심 주제로 다룬다. **소포클레스**Sophocles의 **《오이디푸스 왕**Oedipus Rex》은 운명에 대한 불안과 공포를 극적으로 표현한 대표적인 작품이다. 오이디푸스는 자신의 운명을 피하려 하지만, 결국 예언된 운명을 거스를 수 없다는 사실을 깨닫게 된다. 이 과정에서 오이디푸스가 느끼는 불안은 자신이 통제할 수 없는 운명에 대한 두려움과 그것이 초래하는 비극적 결과에 대한 공포에서 비롯된다.

오이디푸스 왕은 운명과 불안이 어떻게 연결되어 있는지를 잘 보여주는 인물이다. 주인공은 자신의 운명을 피하려는 과정에서 불안이라는 감정을 끊임없이 경험하며, 그의 비극적 몰락은 불안이 인간 존재의 필연적 일부임을 강조한다. 관객들은 오이디푸스의 불안을 통해 인간이 자신의 한계와 운명을 마주할 때 느끼는 깊은 공포를 체험하게 되며, 비극적 서사는 이러한 불안을 극적으로 강화하는 역할을 한다.

윌리엄 셰익스피어 William Shakespeare의 비극은 인간 내면의 복잡한 감정과 심리를 탐구하는 작품들로, 불안은 이러한 내면적 갈등의 핵심 요소로 등장한다. 셰익스피어는 인간이 자신의 욕망, 죄책감, 권력에 대한 욕망과 같은 내면적 갈등과 마주할 때 느끼는 불안을 무대 위에서 강렬하게 표현했다.

셰익스피어의 희곡 《햄릿Hamlet》은 내면의 불안과 심리적 갈등을 극적으로 표현한 대표적인 비극이다. 주인공 햄릿은 아버지의 죽음과 어머니의 재혼, 그리고 자신을 둘러싼 음모 속에서 극심한 불안과 혼란을 겪는다. 그는 자신의 복수와 도덕적 갈등 사이에서 고뇌하며, 끊임없는 자아 성찰과 회의를 통해 불안을 심화시킨다. 햄릿의 불안은 그가 처한 상황의 복잡성과 자신의 내면적 갈등에서 비롯되며, 이는 극의 긴장감을 고조시키는 중요한 요소로 작용한다.

또한 **《맥베스**Macbeth**》**는 권력에 대한 욕망이 초래하는 불안과 공포를 중심으로 한 비극이다. 맥베스는 예언에 따라 왕이 되기 위해 살인을 저지르며, 그 과정에서 극도의 불안과 죄책감을 느낀다. 그의 불안은 권력을 유지하려는 욕망과 자신이 저지른 범죄에 대한 두려움 사이에서 발생하며, 이는 결국 그의 몰락으로 이어진다. 셰익스피어는 맥베스의 불안을 통해 권력에 대한 욕망이 인간을 어떻게 파멸로 이끄는지를 극적으로 보여준다.

현대 비극은 개인의 자유, 주관성, 책임을 중요히 여기는 실존주의 철학의 영향을 받아 인간 존재의 불안정성과 무의미함을 탐구하는 데 중점을 둔다. 이러한 연극들은 전통적인 비극적 서사에서 벗어나, 현대인이 느끼는 실존적 불안을 중심으로 한 극적 표현을 시도한다. 이들 작품에서는 인간이 자신의 존재와 의미에 대해 느끼는 불안이 중요한 주제로 등장한다.

사뮈엘 베케트 Samuel Beckett**의 《고도를 기다리며**Waiting for Godot**》**는 현대 비극의 대표작으로, 실존적 불안을 탐구한다. 이 작품에서 두 주인공은 아무것도 일어나지 않는 무의미한 시간을 보내며, 고도를 기다리는 동안 불안과 절망을 경험한다. 베케트는 이 작품을 통해 인간 존재의 무의미함과 그로 인한 불안을 극적으로 표현하며,

관객들은 주인공들이 겪는 실존적 불안에 깊이 공감하게 된다.《고도를 기다리며》는 현대인이 느끼는 불안이 존재의 본질적 측면임을 시사하며, 이를 통해 비극적 서사의 새로운 가능성을 제시한다.

또한 **아서 밀러**Arthur Miller의 **《세일즈맨의 죽음**Death of a Salesman**》**은 현대사회의 불안과 인간의 실패를 다룬 비극이다. 주인공 윌리 로먼은 자신의 꿈이 좌절되면서 심리적 불안과 절망에 빠지게 된다. 밀러는 이 작품을 통해 현대사회에서 개인이 느끼는 불안과 좌절감을 극적으로 표현하며, 이를 통해 비극적 요소가 어떻게 현대인의 삶 속에서 불안을 조성하는지를 탐구한다. 《세일즈맨의 죽음》은 불안이 개인적 실패와 사회적 압박 속에서 어떻게 증폭되는지를 보여주며, 이를 통해 비극적 서사의 현대적 해석을 제시한다.

비극은 불안이 인간 존재의 필연적 요소임을 강조하며, 이를 극적으로 형상화하는 중요한 예술적 형식이다. 고대 그리스 비극에서 시작된 불안의 연극적 해석은 셰익스피어와 같은 고전 비극에서 내면적 갈등과 불안으로 심화되었으며, 현대 비극에서는 실존적 불안과 사회적 압박 속에서 인간이 느끼는 절망과 좌절을 중심으로 발전해 왔다. 고대 그리스 비극에서부터 현대 비극에 이르기까지, 비극적 연극은 불안과 공포, 절망을 통해 인간이 자신의 한계와 운명을 직면하는 과정을 극적으로 표현했다. 이러한 연극적 해석은 불안이 인간의 내면과 사회적 맥락 속에서 발생하는 복합적이고 필연적인 감정임을 잘 드러낸다. 비극과 불안의 연극적 해석은 관객들에게 자신의 불안과 마주할 기회를 제공하며, 이를 통해 인간 존재의 본질에 대한 깊은 성찰을 이끌어낸다. 연극은 무대 위에서 불안을 시각적, 청각적으로 형상화하며, 관객들은 이를 통해 자신이 느끼는 불안을 이해하고 수용할 수 있게 된다. 비극적 연극은 불안을 인간 경험의 중요한 측면으로 인식하게 만들며, 이를 통해 관객들이 자신의 내면을 탐구하고, 인간 존재의 복잡성과 깊이를 이해하는 데 도움을 준다.

현대 연극과 사회적 불안

현대 연극은 사회적 불안을 중심 주제로 삼아, 급변하는 사회적 환경과 그로 인한 개인과 집단의 심리적 불안을 탐구한다. 20세기와 21세기의 사회적, 정치적, 경제적 변화는 많은 사람들에게 불안과 불확실성을 안겨주었으며, 이러한 감정들은 현대 연극에서 강렬하게 반영되고 있다. 현대 연극은 개인의 내면적 불안뿐만 아니라, 사회적 불안이 개인의 삶에 미치는 영향을 무대 위에서 극적으로 표현하며, 이를 통해 관객들이 현재의 사회적 맥락 속에서 불안을 이해하고 공감할 수 있도록 한다.

현대 연극에서 정치적 불안과 사회적 억압은 중요한 주제로 등장한다. 독재, 전쟁, 테러, 인권 침해와 같은 정치적 사건들은 개인과 사회에 깊은 불안을 야기하며, 연극은 이러한 불안을 극적으로 표현하는 도구로 사용해왔다.

베르톨트 브레히트Bertolt Brecht의 《갈릴레이의 생애Life of Galileo》는 정치적 억압 속에서 과학적 진리를 추구하는 갈릴레이의 이야기를 통해, 지식과 권력 사이의 갈등을 조명하고, 그로 인한 사회적 불안을 표현한 작품이다. 브레히트는 이 연극을 통해 과학적 진리가 권력에 의해 억압될 때 발생하는 불안과 공포를 극적으로 묘사하며, 관객들에게 사회적 책임과 도덕적 선택에 대한 질문을 던진다. 이 작품은 정치적 불안이 어떻게 개인의 삶을 잠식하고, 진리를 추구하는 이들에게 어떤 위협으로 작용하는지를 탐구한다.

또한 하랄트 핀터Harold Pinter의 《배신Betrayal》과 같은 작품은 정치적 억압과 불안을 매우 개인적이고 미묘한 방식으로 표현한다. 핀터의 연극은 종종 모호한 대사와 긴 침묵을 통해, 불안이 어떻게 일상 속에 스며들어 있는지를 보여준다. 그의 작품에서 불안은 분명한 위협이 아니라, 잠재적이고 보이지 않는 공포로, 관객들은 이를 통해 정치적 억압과 통제 속에서 발생하는 불안을 체험하게 된다.

경제적 불안과 소외

경제적 불안은 현대사회에서 많은 사람들이 경험하는 공통된 감정으로, 연극은 이러한 불안을 무대 위에서 강렬하게 표현한다. 경제적 불안은 실업, 빈곤, 사회적 불평등과 같은 문제들로 인해 발생하며, 이는 개인의 정체성과 사회적 위치에 깊은 영향을 미친다.

아서 밀러Arthur Miller의 《세일즈맨의 죽음Death of a Salesman》은 경제적 불안이 개인의 삶에 미치는 영향을 극적으로 탐구한 대표적인 현대 연극이다. 주인공 윌리 로먼은 자신의 직업적 실패와 경제적 좌절 속에서 점점 더 깊은 불안과 절망에 빠지게 된다. 밀러는 이 연극을 통해, 현대사회의 물질주의와 성공에 대한 집착이 어떻게 개인을 소외시키고, 그로 인해 심리적 불안이 증폭되는지를 보여준다. 이 작품은 경제적 불안이 개인의 자존감과 삶의 의미에 얼마나 깊은 영향을 미치는지를 강렬하게 드러낸다.

또한 데이비드 매밋David Mamet의 《글렌게리 글렌 로스Glengarry Glen Ross》는 부동산 판매원들의 경쟁과 배신을 통해, 자본주의 사회에서 경제적 불안이 어떻게 인간관계를 파괴하고, 개인을 극한의 상황으로 몰아가는지를 탐구한다. 매밋은 이 연극을 통해, 경제적 불안이 어떻게 인간의 도덕적 기준을 왜곡시키는지 그로 인해 발생하는 사회적 갈등과 개인적 고통이 무엇인지 극적으로 표현했다.

현대 연극에서는 기술 발전과 정보 과부하가 초래하는 불안이 중요한 주제로 다뤄진다. 인터넷, 소셜 미디어, 인공지능과 같은 기술 혁신은 인간의 삶을 크게 변화시켰으며, 이러한 변화는 새로운 형태의 불안을 유발한다.

캐리언 퍼렐 Caryl Churchill의 《사랑과 정보Love and Information》는 정보화 시대의 인간 관계와 정체성 문제를 다룬 연극으로, 정보의 과부하가 어떻게 불안과 혼란을 야기하는지를 탐구한다. 이 작품은 짧고 단편적인 장면들로 구성되어 있으며, 각 장면은 정보의 과부하 속에서 인간이 느끼는 불안과 정체성의 혼란을 묘사한다. 퍼렐은 이 연극을 통해, 현대사회에서 정보가 넘쳐나는 상황이 인간에게 어떤 심리적 영향을 미치는지를 강렬하게 표현했다.

또한 **찰리 브룩커**Charlie Brooker가 제작한 연극적 요소를 지닌 TV 시리즈 《**블랙 미러**Black Mirror》는 현대 기술이 초래하는 불안과 도덕적 혼란을 극적으로 탐구한다. 이 시리즈는 인간의 삶에 깊숙이 침투한 기술이 어떻게 개인의 정체성과 사회적 관계를 변화시키고, 그로 인해 발생하는 불안이 어떠한지를 시각적으로 표현한다. 《블랙 미러》는 정보화 시대의 불안이 단순히 기술적 문제가 아니라, 인간의 본질적 문제와 밀접하게 연결되어 있음을 시사한다.

또 현대 연극에서는 정체성의 불안과 사회적 역할에 대한 갈등이 중요한 주제로 등장한다. 사회적 기대와 개인의 욕망 사이에서 발생하는 불안은 많은 현대 연극에서 다루어지며, 이는 종종 성별, 인종, 계급과 같은 사회적 정체성 문제와 연결된다.

토니 쿠시너 Tony Kushner의 《**엔젤스 인 아메리카**Angels in America》는 성적 정체성과 에이즈 위기 속에서 개인이 느끼는 불안을 탐구한 현대 연극의 대표작이다. 이 작품은 1980년대 미국 사회에서 에이즈가 확산되던 시기를 배경으로, 동성애자들이 겪는 사회적 불안과 정체성의 혼란을 다룬다. 쿠시너는 이 연극을 통해, 사회적 억압과 편견 속에서 개인이 어떻게 불안과 고통을 경험하는지를 강렬하게 묘사했다. 이 작품은 정체성과 사회적 역할 사이의 갈등이 불안을 증폭시키는 주요 요인임을 보여준다.

또한 **사라 케인**Sarah Kane의 '포스트모던 연극Postmodern Theatre' 작품들, 그중에서도 특히 《**정화**Cleansed》라는 작품은 정체성의 혼란과 사회적 역할에 대한 불안을 보여준다. 케인은 이 작품을 통해 현대 사회에서 개인이 겪는 심리적 불안과 신체적 고통을 극단적인 상황으로 표현하며, 인간의 정체성이 얼마나 취약하고 불안정한지를 드러낸다.

현대 연극은 사회적 불안을 중심으로 한 다양한 주제들을 탐구하며, 이를 통해 관객들이 현대사회의 복잡성과 불안정성을 이해하고 공감할 수 있도록 한다. 정치적 억압, 경제적 불안, 기술 발전, 정체성의 혼란 등 다양한 사회적 문제들은 현대 연극에서 불안을 조성하는 중요한 요소로 작용하며, 이를 통해 연극은 사회적 불안이 개인과 집단의 삶에 미치는 영향을 극적으로 표현한다. 사회적 불안은 현대사회에서 많은 사람들이 공통적으로 경험하는 감정으로, 연극은 이를 시각적, 감정적으로 형상화함으로써 관객들이 자신의 불안을 성찰하고, 그것이 인간 경험의 중요한 측면임을 인식할 수 있도록 돕는다. 현대 연극에서 사회적 불안은 인간 존재의 복잡성과 심오함을 탐구하는 중요한 예술적 성과로 자리 잡고 있다.

불안의
대중문화적 해석

불안과 디스토피아적 상상력

디스토피아적 상상력은 불안을 대중문화에서 가장 강렬하고 극적으로 표현하는 방식 중 하나다. 디스토피아는 현실 세계의 부정적인 측면들이 과장되거나 극대화된 미래 사회를 그리며, 인간 존재의 불안과 공포를 탐구한다. 이러한 상상력은 사회적, 정치적, 기술적 문제들에 대한 깊은 불안을 반영하며, 이를 통해 독자와 관객들에게 경고와 성찰의 기회를 제공한다.

디스토피아적 상상력은 현대사회의 불안에서 출발한다. 급변하는 기술, 사회적 불평등, 환경 파괴, 권위주의적 정치 체제 등의 문제들은 미래에 대한 불안감을 불러일으킨다. 디스토피아는 이러한 불안이 극단적으로 현실화된 세계를 상상함으로써, 현재의 문제를 강조하고 그 결과를 보여준다.

조지 오웰 George Orwell의 **《1984》**는 디스토피아 문학의 고전으로, 전체주의적 감시 사회에서 개인의 자유와 정체성이 완전히 억압된 세계를 그린다. 오웰은 이 소설을 통해 개인의 삶이 국가 권력에 의해 철저히 통제되는 미래를 상상하며, 현대사회에서 권력의 남용과 개인의 자유가 어떻게 불안의 근원이 될 수 있는지를 경고한다. 《1984》에서 주인공 윈스턴 스미스가 느끼는 끊임없는 불안은 감시와 억압의 결과이며, 이는 디스토피아적 상상력이 현실의 불안을 반영하는 방식을 잘 보여준다.

또 다른 예로, **올더스 헉슬리**Aldous Huxley의 **《멋진 신세계**Brave New World**》**는 기술 발전과 소비주의가 지배하는 사회를 배경으로, 인간의 정체성과 자유가 상실된 세계를 그린다. 헉슬리는 과학과 기술이 인간의 본성을 왜곡하고, 통제된 쾌락이 어떻게 개인의 내면적 불안을 잠재우려는 시도로 변질될 수 있는지를 묘사한다. 이 소설은 현대사회에서 과학 기술이 불러올 수 있는 윤리적 딜레마와, 그로 인한 불안감을 경고하는 대표적인 디스토피아적 상상력의 예시이다.

디스토피아 영화와 불안의 시각화

디스토피아적 상상력은 문학뿐만 아니라 영화에서도 강렬하게 표현된다. 디스토피아 영화는 파괴된 도시, 억압적인 정치 체제, 환경 재앙 등의 시각적 이미지를 통해 불안을 극대화하며, 이를 통해 관객들이 미래에 대한 불안을 직접적으로 체험할 수 있도록 한다.

앞에서 이야기했던 두 영화 〈블레이드 러너〉와 〈인셉션〉 역시 디스토피아적 상상력을 바탕으로 한 영화다. 〈블레이드 러너〉는 디스토피아적 환경을 통해 인간 존재의 불안정성과 정체성 혼란을 묘사하고 있다. 영화 속 어두운 도시 풍경과 인공적인 환경은 인간과 기계 사이의 경계를 모호하게 만들며, 그 속에서 인간이 느끼는 불안과 소외감을 시각적으로 표현한다. 〈인셉션〉은 꿈속의 꿈이라는 복잡한 구조를 통해, 현실과 환상의 경계가 무너질 때 발생하는 불안을 극적으로 표현한다. 주인공들은 자신이 경험하는 현실이 진짜인지, 아니면 꿈인지 확신할 수 없으며, 이러한 불확실성은 영화 내내 극도의 불안을 조성한다. 크리스토퍼 놀란은 이를 통해 현대인이 느끼는 정체성과 현실에 대한 불안을 탐구하며, 디스토피아적 상상력이 불안을 표현하는 데 어떻게 사용될 수 있는지를 보여준다.

디스토피아적 상상력은 단순히 불안한 미래를 상상하는 데 그치지 않고, 현대사회에 대한 비판적 메시지를 전달하는 역할을 한다. 이러한 작품들은 불안을 통해 현재의 사회적 문제를 강조하며, 이를 해결하지 않을 경우 미래에 어떤 결과를 초래할 수 있는지를 경고한다.

마거릿 애트우드Margaret Atwood의 〈시녀 이야기The Handmaid's Tale〉는 가부장적 권위주의 체제가 지배하는 미래 사회를 배경으로, 여성의 자유와 권리가 완전히 억압된 세계를 그린다. 이 소설은 여성의 인권이 침해되는 현실을 반영하며, 그것이 극단화되었을 때 발생활 수 있는 불안한 미래를 경고한다. 애트우드는 디스토피아적 상상력을 통해 성평등과 인권에 대한 문제의식을 제기하며, 독자들이 현재의 사회적 불안을 성찰하도록 유도한다.

또한 수잔 콜린스Suzanne Collins의 〈헝거 게임The Hunger Games〉 시리즈는 계층 간 불평등과 정치적 억압이 극단화된 세계를 배경으로, 생존을 위한 투쟁과 그로 인한 불안을 묘사한다. 이 시리즈는 현대사회의 경제적 불평등과 권력 집중이 가져올 수 있는 위험을 상기시킴으로써, 디스토피아적 상상력이 불안을 통해 사회적 경고와 메시지를 전달하는 방식의 대표적 예시임을 보여준다.

디스토피아적 상상력은 불안을 통해 인간 존재의 본질적 문제와 사회적 위기를 탐구하는 중요한 예술적 도구이다. 이러한 작품들은 과장된 미래 사회를 통해 현재의 문제를 극명하게 드러냄으로써 독자와 관객이 자신의 불안과 마주할 수 있게 한다. 또 디스토피아적 상상력은 인간의 불안을 극단적으로 표현함으로써, 현재의 사회적, 정치적, 경제적 문제에 대한 깊은 성찰을 유도한다. 이러한 작품들은 불안이 인간 경험의 필수적이고도 복잡한 측면임을 강조하며, 이를 통해 관객들이 현재의 문제를 인식하고, 더 나은 미래를 위한 변화를 모색할 수 있도록 돕는다. 즉 디스토피아적 상상력은 불안을 경고와 성찰의 도구로 사용하며, 이를 통해 대중문화에서 사회적 메시지를 전달하는 중요한 역할을 한다.

소셜 미디어에서의 불안 증폭

소셜 미디어는 현대사회에서 불안을 증폭시키는 중요한 요소로 작용한다. 빠르게 변화하는 디지털 환경과 끊임없이 연결된 사회에서, 사람들은 소셜 미디어를 통해 실시간으로 소통하고 정보를 공유하지만, 이 과정에서 불안이 심화되기도 한다. 소셜 미디어는 개인의 삶을 대중에게 노출시키고, 끊임없는 비교와 평가의 장을 제공하며, 이는 개인의 자아정체성과 정신 건강에 심각한 영향을 미칠 수 있다.

사람들이 소셜 미디어에 게시하는 내용은 종종 편집되고 이상화된 모습이다. 다른 사람들의 '완벽한' 삶을 접하면서 자신이 그에 미치지 못한다고 느끼는 사람들은 자존감이 낮아지고, 자신에 대한 불안이 커지게 된다. 인스타그램과 같은 시각적 플랫폼은 이러한 비교를 더욱 강화한다. 친구나 유명 인사들이 공유하는 화려한 여행, 성공적인 경력, 이상적인 신체 이미지 등은 사용자들이 자신을 낮게 평가하게 만들고, 이를 통해 불안이 심화된다. 이른바 FOMO_{Fear of Missing Out}, 즉 '놓칠 것에 대한 두려움'은 사람들이 소셜 미디어를 통해 느끼는 불안의 주요 원인 중 하나로, 자신이 소셜 미디어에 나타나는 활동이나 경험에서 제외된 것 같은 느낌이 불안을 유발한다.

소셜 미디어에서 개인의 존재감은 종종 '좋아요' 수와 팔로워 수로 평가된다. 이러한 숫자들은 사용자가 다른 사람들로부터 얼마나 인정받고 있는지를 나타내는 척도로 작용하며, 이는 사회적 불안을 증폭시킨다. 사용자들은 더 많은 '좋아요'와 팔로워를 얻기 위해 자신의 이미지를 조작하거나, 자신을 이상적으로 표현하려는 압박을 느끼게 된다.

특히 청소년들과 젊은 성인들은 이러한 사회적 인정에 대한 갈망이 강하며, 이는 심리적 불안을 유발한다. 한 연구에 따르면, 청소년들이 소셜 미디어에서 자신의 게시물에 대한 반응에 크게 의존할수록, 그들은 더 큰 불안과 우울증을 경험할 가능성이 높아진다. 이러한 현상은 '인증 중독validation addiction'으로 불리며, 이는 소셜 미디어에서의 사회적 상호작용이 사용자들의 정신 건강에 미치는 부정적인 영향을 강조한다.

소셜 미디어는 또한 사이버 불링cyberbullying과 같은 부정적인 상호작용을 촉진하는데, 이는 불안을 심화시키는 주요 요인 중 하나이다. 익명성을 가진 사용자는 온라인에서 더 공격적이거나 비판적인 행동을 할 가능성이 높으며, 이러한 행동은 타인에게 심각한 정신적 고통과 불안을 유발할 수 있다. 피해자들은 온라인에서 자신의 정체성이 공격당하거나 모욕적인 메시지와 댓글을 받으면서 불안과 공포를 경험한다. 사이버 불링은 피해자들의 자존감을 크게 낮추며, 이는 장기적인 불안 장애와 우울증으로 이어질 수 있다. 특히 청소년들은 소셜 미디어에서의 부정적인 경험에 더 민감하게 반응하며, 이는 그들의 전반적인 정신 건강에 심각한 영향을 미칠 수 있다.

또 소셜 미디어는 정보 과부하로 인한 불안을 초래할 수 있다. 끊임없이 갱신되는 뉴스, 사건 사고, 사회적 이슈들은 사용자들에게 지속적인 긴장감을 조성하며, 이를 통해 불안이 증폭된다. 특히 부정적인 뉴스나 극단적인 의견들이 소셜 미디어에서 빠르게 확산되면서, 사용자들은 세계가 더 위험하고 불안정하다는 인식을 갖게 된다. 트위터와 페이스북과 같은 플랫폼에서 뉴스 피드는 무작위로 배열된 수많은 정보들로 가득 차 있으며, 사용자들은 중요한 정보를 필터링하는 데 어려움을 겪는다. 이러한 정보 과부하는 정신적 피로와 함께 불안을 증가시키며, 사용자들이 끊임없이 새로운 정보를 확인하고 반응하게 만든다. 이러한 반복적인 정보 확인은 개인의 정신 건강에 악영향을 미치며, 장기적으로는 만성적인 불안을 유발할 수 있다.

소셜 미디어가 불안을 증폭시킬 수 있다는 사실이 알려지면서, 이러한 문제를 해결하기 위한 다양한 접근법이 제시되고 있다. 사용자들은 자신의 소셜 미디어 사용을 관리하고, 의식적으로 불안을 유발할 수 있는 콘텐츠를 제한하며, 온라인과 오프라인 생활의 균형을 유지하려는 노력이 필요하다. 한편, 소셜 미디어 플랫폼 자체도 이러한 불안을 줄이기 위한 방안을 모색하고 있다. 예를 들어, 인스타그램은 '좋아요' 수를 숨기거나 제한하는 기능을 도입하여, 사용자들이 더 건강한 방식으로 소셜 미디어를 사용할 수 있도록 돕고 있다. 이러한 변화는 소셜 미디어에서의 비교와 사회적 인정 욕구로 인한 불안을 줄이는 데 기여할 수 있다.

　소셜 미디어는 현대사회에서 불안을 증폭시키는 강력한 매체로 비교, 과다한 정보, 사회적 인정 욕구, 사이버 불링 등 다양한 방식으로 개인의 정신 건강에 영향을 미친다. 이러한 불안은 개인의 자아정체성과 사회적 관계에 깊은 영향을 미치며, 이는 특히 청소년과 젊은 성인들에게 심각한 결과를 초래할 수 있다. 소셜 미디어에서의 불안 증폭은 단순히 개인적인 문제가 아니라, 디지털 시대의 구조적 문제로 인식되어야 한다. 이를 해결하기 위해서는 개인적인 노력뿐만 아니라, 소셜 미디어 플랫폼의 책임 있는 운영과 사회적 지원이 필요하다. 불안은 우리가 소셜 미디어를 사용하는 방식과 그것이 우리 삶에 미치는 영향을 성찰하게 만드는 중요한 감정이며, 이를 통해 우리는 더 건강하고 균형 잡힌 디지털 생활을 추구할 수 있다.

불안을 표현하는
디지털 아트의 방식

뉴미디어 예술에서의 불안 탐구

뉴미디어 예술은 디지털 기술을 활용하여 불안이라는 감정을 탐구하고 표현하는 현대 예술의 한 영역이다. 이 분야의 예술가들은 가상 현실VR, 증강 현실AR, 인공지능AI, 데이터 시각화, 인터랙티브 아트와 같은 다양한 디지털 매체를 사용해, 인간이 디지털 시대에 느끼는 불안을 독창적이고 강렬한 방식으로 시각화한다. 뉴미디어 예술은 전통적인 미술 형식에서 벗어나, 기술과 결합된 새로운 예술적 언어를 통해 현대사회의 불안과 인간 존재의 복잡성을 탐구한다.

가상 현실VR은 관객을 완전히 몰입시키는 디지털 환경을 통해 불안을 탐구하는 강력한 도구로 사용된다. VR은 현실과 가상의 경계를 허물며, 사용자가 물리적 공간을 넘어서서 불안한 상황에 직접적으로 참여하게 만든다. 이러한 몰입적 경험은 불안을 더욱 강렬하고 즉각적으로 체험하게 한다.

예술가 **마리나 아브라모비치**Marina Abramović의 《**The Life**》는 VR 기술을 활용해 몰입적인 불안 경험을 제공하는 작품이다. 이 작품에서 관객은 아브라모비치의 가상 형상과 마주하며, 그와의 가까운 상호작용을 통해 불안감을 체험한다. 관객은 그녀의 존재가 가상임을 알고 있지만, 그와 동시에 현실처럼 느껴지는 경험 속에서 불안과 긴장을 느낀다. 이 작품은 가상과 현실 사이의 모호함이 어떻게 불안을 유발할 수 있는지를 탐구하며, VR이 불안한 감정을 증폭시키는 도구로 사용될 수 있음을 보여준다.

또한 **로렌 맥카시**Lauren McCarthy의 《**Someone**》은 가상 현실과 인공지능을 결합하여, 가상의 인물이 관객의 삶을 관찰하고 제어하는 상황을 연출한다. 이 작품은 관객이 자신의 행동이 외부에 의해 통제될 때 느끼는 불안을 탐구하며, 디지털 환경에서 개인의 자유와 프라이버시가 침해될 수 있다는 현대적 불안을 표현한다. 이와 같은 작품은 디지털 기술이 우리의 삶에 미치는 영향을 성찰하게 하며, 그로 인한 불안을 예술적으로 탐구한다.

인터랙티브 아트는 관객의 참여를 통해 예술 작품이 완성되는 형태로, 불안이 어떻게 즉각적이고 체험적인 방식으로 표현될 수 있는지를 보여준다. 이 작품들은 관객이 작품과 상호작용하는 과정에서 불안감을 느끼도록 유도하며, 불안이 관객의 경험 속에서 실시간으로 생성되고 증폭되는 과정을 탐구한다.

라파엘 로제노 Rafael Lozano-Hemmer의 《Pulse Room》은 관객의 심장 박동을 감지해 빛의 리듬으로 변환하는 인터랙티브 설치 작품이다. 이 작품은 관객이 자신의 생명 활동이 예술적 표현으로 변환되는 과정을 목격하게 하며, 이는 생명과 죽음, 존재의 유한성에 대한 불안을 유발한다. 로제노는 이 작품을 통해, 개인의 생명 활동이 시각적이고 청각적인 경험으로 변환되는 과정을 보여줌으로써, 인간 존재의 불안정성을 탐구한다.

또한 **제임스 터렐**James Turrell의 《Virtuality Squared》는 관객이 가상의 공간을 탐험하며, 그 안에서 느끼는 불안을 주제로 한 작품이다. 이 인터랙티브 아트는 가상의 빛과 색상 변화로 공간을 구성하며, 관객은 이 환경 속에서 방향 감각을 잃고 불안감을 느끼게 된다. 터렐은 이러한 공간적 불안을 통해, 디지털 환경에서 인간이 경험하는 심리적 불안정성을 강조한다.

데이터 시각화는 복잡한 데이터와 정보를 시각적으로 표현하는 예술 형태로, 뉴미디어 예술에서 불안의 새로운 차원을 탐구하는 도구로 사용된다. 데이터 시각화 작품은 종종 현대사회의 문제를 시각화함으로써, 그로 인한 불안감을 증폭시키는 역할을 한다.

애드리안 필러 Adrian Villar Rojas의 《The End of Imagination》는 지구 환경 변화와 그로 인한 불안을 데이터 시각화를 통해 표현한 작품이다. 이 작품은 기후 변화, 생태계 파괴, 자원 고갈 등의 데이터를 시각적 설치물로 변환하여, 관객이 환경적 불안을 체험하게 만든다. 필러는 데이터 시각화를 통해, 현재의 환경 문제가 인간에게 불러일으키는 불안을 강렬하게 표현하며, 이를 통해 관객들이 현대사회의 위기를 인식하고 성찰하도록 유도한다.

또한 아르헨티나 출신의 예술가 **아르헨티나 파드론**Argentina Padron의 **Distress 《Signals》**는 세계 각국에서 발생하는 자연재해와 정치적 불안을 데이터로 시각화한 작품이다. 이 작품은 전 세계에서 동시에 발생하는 다양한 위기 상황을 시각적 형태로 표현하여, 관객이 글로벌 차원의 불안을 체험하게 한다. 파드론은 이 작품을 통해, 현대사회에서 불안이 어떻게 전 지구적 현상으로 확산되고 있는지를 탐구하며, 데이터 시각화가 불안의 복잡성과 범위를 표현하는 도구로 사용될 수 있음을 보여준다.

뉴미디어 예술에서 불안은 단순한 개인적 감정의 표현을 넘어, 사회적, 환경적, 기술적 문제와 밀접하게 연관된 감정으로 탐구된다. 디지털 기술의 발전이 불러온 변화는 인간의 삶에 깊은 영향을 미치며, 뉴미디어 예술은 이를 반영하여 불안을 시각적으로 형상화한다. 뉴미디어 예술은 불안을 새로운 방식으로 탐구하고 표현함으로써, 관객들에게 디지털 시대의 복잡성과 불확실성을 직면하게 한다. 이는 불안이 회피해야 할 감정이 아니라, 현대사회를 이해하고 변화시키기 위한 중요한 감정임을 인식하게 만든다. 뉴미디어 예술에서의 불안 탐구는 기술과 예술의 결합을 통해 새로운 감각적 경험을 제공하며, 이를 통해 관객들이 자신의 불안과 현대사회의 문제를 깊이 성찰할 수 있는 계기를 마련한다.

뉴미디어 예술은 디지털 기술을 활용하여 불안을 탐구하는 혁신적인 예술 형태로, 가상 현실, 인터랙티브 아트, 데이터 시각화 등을 통해 불안을 강렬하고 몰입적인 방식으로 표현한다. 이러한 예술적 접근은 현대사회의 불안을 다각적으로 조명하며, 디지털 시대의 복잡성과 불확실성을 탐구하는 중요한 역할을 한다.

가상 현실과 불안의 새로운 지평

가상 현실(VR)은 사용자를 완전히 몰입시키는 디지털 환경을 통해, 불안을 새로운 방식으로 탐구하고 표현하는 강력한 매체로 자리 잡고 있다. VR은 현실과 가상의 경계를 허물며, 사용자에게 강렬한 감정적 경험을 제공하는 동시에 불안이라는 감정을 심리적, 철학적으로 깊이 있게 탐구할 수 있는 새로운 지평을 열어준다. 이 기술은 불안을 단순한 주제에서 벗어나, 존재의 근본적인 문제와 사회적 맥락 속에서의 불안을 탐구하는 도구로 발전하고 있다.

가상 현실의 가장 큰 특징은 사용자를 완전히 몰입시키는 환경을 제공한다는 점이다. VR 기술을 통해 사용자는 현실 세계와 단절되고, 가상의 공간 안에서 새로운 경험을 하게 된다. 이러한 몰입적 경험은 불안감을 극대화하는 데 특히 효과적이다. 현실에서는 경험할 수 없는 극단적인 상황이나 감정을 가상 현실에서 직접 체험하게 되면, 불안이 훨씬 더 생생하고 즉각적으로 느껴진다.

예술가 **케이틀린 할러**Caitlin Heller의 VR 작품 〈Anxiety〉는, 사용자가 가상의 공포와 불안한 상황에 직면하게 하여 불안의 심리적 메커니즘을 탐구한다. 이 작품에서 사용자는 높은 곳에서 아래를 내려다보거나, 밀폐된 공간에 갇히는 등 극단적인 상황을 체험하게 된다. VR 환경은 이러한 불안감을 현실감 있게 전달하여, 관객들이 불안의 감정에 완전히 몰입하도록 만든다. 이 작품은 가상 현실이 어떻게 불안을 증폭시키고, 그 심리적 효과를 극대화할 수 있는지를 보여준다.

가상 현실은 사용자가 새로운 정체성을 시도하거나, 기존의 자아에서 벗어날 수 있는 공간을 제공함으로써, 존재의 불안과 정체성의 문제를 탐구하는 데에도 중요한 역할을 한다. VR에서 사용자는 다양한 아바타나 가상 환경을 통해, 자신이 아닌 다른 존재로서 행동할 수 있다. 이러한 경험은 사용자가 자신의 정체성에 대한 혼란이나 불안감을 탐구하게 하며, 이는 존재의 불안으로 연결된다.

다니엘 벨렉 Daniel Belek의 《Identity Lost》는 사용자가 다양한 정체성을 가진 아바타로 가상의 세계를 탐험하면서, 자신의 정체성이 모호해지는 과정을 경험하게 하는 VR 작품이다. 이 작품은 정체성이 변형되고 확장될 수 있는 가상 현실 속에서, 사용자가 느끼는 존재의 불안을 탐구한다. 관객은 자신이 누구인지, 그리고 이 가상 환경에서 어떤 역할을 해야 하는지를 끊임없이 고민하게 되며, 이는 현대인이 느끼는 정체성에 대한 불안을 극대화한다.

　가상 현실은 또한 사회적 불안을 탐구하는 강력한 도구로 사용될 수 있다. VR 환경에서 사람들은 물리적 공간에서와 달리 자신을 표현할 수 있으며, 이러한 자유는 때때로 사회적 불안과 맞닿아 있다. 가상 현실에서의 익명성은 사용자들이 자신의 사회적 역할이나 위치에 대해 느끼는 불안을 탐구할 기회를 제공하며, 이 과정에서 그들이 실제 사회에서 경험하는 불안이 어떻게 변화하거나 확대될 수 있는지를 보여준다.

　VR 프로젝트 《Social Anxiety》는 사회적 상황에서의 불안을 가상 현실을 통해 체험하게 하는 작품이다. 이 작품에서 사용자는 가상의 사교 모임에 참여하게 되며, 그 과정에서 타인의 시선이나 반응에 대한 불안을 경험한다. 이러한 가상 환경은 현실에서 사람들이 느끼는 사회적 불안을 확대하여, 그들이 직면하는 두려움과 불편함을 더욱 명확하게 드러낸다. 이 작품은 VR이 사회적 불안의 메커니즘을 탐구하고, 사용자에게 그 불안을 극복할 수 있는 도구를 제공하는 방법을 제시한다.

　가상 현실은 또한 불안을 철학적 맥락에서 탐구하는 도구로도 사용된다. VR은 현실과 가상의 경계를 모호하게 만듦으로써, 존재의 본질, 현실의 의미, 그리고 인간 경험의 진정성에 대한 불안을 일으킨다. 이러한 철학적 불안은 인간이 기술에 의해 만들어진 세계 속에서 자신의 위치를 어떻게 인식하는지에 대한 질문을 제기하며, 이는 현대사회의 중요한 주제로 부각되고 있다.

마이클 하임 Michael Heim의 《The Metaphysics of Virtual Reality》는 VR이 어떻게 존재의 본질과 현실의 의미에 대한 철학적 불안을 탐구하는 도구로 사용될 수 있는지를 보여준다. 이 작품에서 사용자는 다양한 가상 세계를 경험하며, 그 과정에서 현실과 가상의 경계가 어떻게 허물어지는지를 체험한다. 하임은 VR이 인간 존재의 근본적인 불안을 탐구하는 새로운 방법을 제공한다고 주장하며, 이를 통해 인간 경험의 복잡성을 이해하려는 시도를 보여준다.

가상 현실은 불안을 탐구하고 표현하는 데 새로운 지평을 열었다. VR은 몰입적 환경을 통해 불안을 극대화하고, 사용자가 이 감정을 보다 직관적이고 생생하게 체험하도록 만든다. 또한 VR은 정체성, 사회적 역할, 존재의 본질과 같은 철학적 문제들을 탐구하는 데 중요한 도구로 사용되며, 이를 통해 현대사회에서 불안이 어떻게 발현되고 심화되는지를 조명한다. 가상 현실에서의 불안 탐구는 기술과 인간 경험이 어떻게 상호작용하는지를 보여주며, 이를 통해 우리가 직면한 현대적 불안의 본질을 더 깊이 이해하게 만든다. VR은 단순히 기술적 혁신을 넘어, 불안을 새로운 방식으로 탐구하고 표현하는 강력한 예술적 매체로 자리 잡고 있으며, 이로 인해 우리는 불안에 대한 새로운 통찰과 이해를 얻을 수 있다.

언어의
불확실성과 불안

언어의 양면성에 대하여

　언어는 인간의 생각과 감정을 표현하는 가장 중요한 도구 중 하나지만, 동시에 불안을 유발하는 근원적 요소이기도 하다. 언어의 불확실성은 개인 간의 소통을 왜곡하고, 의미의 전달에서 발생하는 오해와 모호함은 불안을 증폭시킨다. 특히 현대사회에서 언어의 불확실성은 개인의 정체성과 존재의 의미에 대한 근본적인 불안을 야기하며 이는 문학, 철학, 심리학 등 다양한 분야에서 심도 있게 탐구되고 있다.

　언어는 생각과 감정을 표현하기 위한 수단이지만, 그 자체의 불확실성 때문에 완전한 소통이 어려울 때가 많다. 같은 단어나 문장이 사람마다 다르게 해석될 수 있으며, 이는 소통에서 오해와 혼란을 초래할 수 있다. 이러한 언어의 불확실성은 인간 사이의 소통을 불안정하게 만들고, 때때로 소통의 실패는 불안감을 더욱 증폭시킨다.

프랑스 철학자 **자크 데리다**Jacques Derrida는 언어의 불확실성과 그로 인한 불안을 그의 해체주의 철학을 통해 탐구했다. 데리다는 언어가 본질적으로 불완전하며, 의미가 고정될 수 없다고 주장했다. 그의 이론에 따르면, 어떤 단어나 문장이 사용되더라도 그 의미는 완전히 파악될 수 없으며, 항상 새로운 해석과 오해의 여지가 남아 있다. 이로 인해 소통 과정에서 발생하는 불확실성은 불안을 유발하며, 이는 인간관계에서 끊임없이 발생하는 문제로 작용한다.

데리다의 이러한 언어 이론은 현대 문학에서도 중요한 주제로 다루어지며, 작가들은 언어의 불확실성을 통해 불안을 표현하려 한다. 예를 들어, **사뮈엘 베케트**Samuel Beckett의 《**고도를 기다리며**Waiting for Godot》에서, 등장인물들은 서로의 말을 이해하지 못하거나 의미 없는 대화를 반복하며, 언어가 불안의 원천이 되는 상황을 보여준다. 베케트는 언어의 불확실성이 인간 존재의 불안정성과 연결된다는 점을 극적으로 표현했다.

언어는 개인의 정체성을 형성하는 중요한 도구이지만, 언어의 불완전성은 정체성에 대한 불안을 유발할 수 있다. 사람들은 언어를 통해 자신을 표현하고 타인과 관계를 형성하지만, 언어가 가진 본질적 한계로 인해 자신의 정체성을 완전하게 전달하는 데 실패할 수 있다. 이러한 실패는 자기 자신에 대한 불안과 정체성 혼란으로 이어진다.

롤랑 바르트 Roland Barthes는 언어가 정체성 형성에 미치는 영향을 탐구하면서, 언어의 불확실성이 개인의 자아와 정체성에 불안을 야기할 수 있음을 지적했다. 바르트에 따르면, 언어는 단순한 소통 도구를 넘어 개인의 사고와 존재 방식을 형성하는 중요한 역할을 하지만, 그 불확실성 때문에 자신을 완전히 표현하지 못하는 불안을 불러일으킨다. 이로 인해 개인은 자신을 이해받지 못할 것이라는 두려움과 함께 정체성에 대한 불안을 겪게 된다.

현대 문학에서는 이러한 언어와 정체성의 불안을 다룬 작품들이 많이 등장한다. **버지니아 울프**Virginia Woolf의 《**올랜도**Orlando》는 성별과 정체성이 변하는 주인공을 통해 언어가 정체성을 정의하는 데 한계가 있음을 보여준다. 울프는 언어가 가지는 고정된 의미를 넘어서서, 정체성이 유동적이고 변화하는 개념임을 강조하며, 언어와 정체성 사이의 불일치가 불안을 초래할 수 있음을 시사했다.

언어는 인간이 사회 속에서 자신의 존재를 확인하는 수단이지만, 언어적 고립은 존재의 불안을 증폭시킬 수 있다. 언어적 고립은 다른 사람들과의 소통이 단절되거나, 자신의 언어가 타인에게 이해되지 않을 때 발생하며, 이는 개인이 사회 속에서 자신의 위치를 상실하게 만들고 존재 자체에 대한 불안을 유발한다.

프란츠 카프카 Franz Kafka의 《**변신**Die Verwandlung》은 언어적 고립과 존재의 불안을 극적으로 표현한 작품이다. 주인공 그레고르 잠자는 어느 날 아침 갑자기 거대한 벌레로 변하게 되고, 이로 인해 가족들과의 소통이 단절되며 극심한 고립감을 느낀다. 그는 인간의 언어를 사용할 수 없게 되면서, 자신의 존재가 점점 더 무의미해진다고 느낀다. 카프카는 이 작품을 통해, 언어적 고립이 인간 존재의 근본적 불안과 얼마나 깊이 연결되어 있는지를 보여준다.

또한 **알베르 카뮈**Albert Camus의 **《이방인**L'Étranger**》**은 주인공이 사회와의 언어적, 정서적 소통에 실패하면서 겪는 존재의 불안을 묘사한다. 주인공 뫼르소는 타인과의 소통에서 항상 거리를 느끼며, 자신의 감정과 생각을 정확히 전달하지 못하는 불안을 경험한다. 카뮈는 이 작품을 통해, 언어적 불일치가 존재의 불안을 어떻게 심화시키는지를 탐구했다.

디지털 시대에 들어서면서 언어의 불확실성은 더욱 복잡한 양상을 띠게 되었다. 인터넷과 소셜 미디어의 발전은 새로운 소통 방식을 제공하지만, 동시에 언어의 불확실성과 그로 인한 불안을 증폭시키는 요소로 작용하고 있다. 온라인상에서의 대화는 종종 비언어적 단서가 결여되어 있으며, 이는 의미의 왜곡과 오해를 더욱 쉽게 발생시킨다. 즉, 텍스트 기반의 소통은 말과 달리 뉘앙스나 감정이 제대로 전달되지 않는 경우가 많아 디지털 환경에서 불안을 유발하는 주요 원인 중 하나가 된다. 온라인상에서 사람들은 자신의 말이 오해되거나 잘못 해석될 수 있다는 불안감을 느끼며, 이러한 불안은 소통의 질을 저하시키고 인간관계에 부정적인 영향을 미칠 수 있다.

　또한 AI와 같은 기술의 발전으로 인해 언어의 사용 방식이 변화하면서, 사람들은 자신이 이해하지 못하는 방식으로 소통이 이루어지는 것에 대한 불안감을 느낄 수 있다. AI가 생성하는 언어는 때로는 인간이 이해하기 어려운 방식으로 표현되며, 이는 인간이 느끼는 불안감을 더욱 증폭시킬 수 있다. 이러한 디지털 시대의 언어적 변화는 인간의 정체성과 존재의 불안을 새로운 차원에서 탐구하게 만든다.

　언어의 불확실성은 인간의 소통과 정체성 형성에 깊은 영향을 미치며, 그로 인한 불안은 현대사회에서 중요한 주제로 자리 잡고 있다. 언어는 생각과 감정을 전달하는 도구이지만, 그 본질적인 불확실성 때문에 오해와 불안을 초래할 수 있다. 이러한 불안은 소통의 실패, 정체성 혼란, 언어적 고립 등을 통해 다양한 형태로 나타나며, 이는 현대 문학과 철학에서 깊이 탐구되고 있다.

　언어의 불확실성이 불안을 유발한다는 점을 인식함으로써, 우리는 소통의 중요성과 그 한계를 더 잘 이해할 수 있게 된다. 언어는 우리에게 소통의 기회를 제공하지만, 그 자체의 불완전성은 불안을 불가피하게 만든다. 따라서 우리는 언어를 통해 불안을 탐구하고, 그 과정에서 인간 존재의 복잡성과 불확실성을 이해하려는 노력이 필요하다. 언어와 불안의 관계는 현대사회의 중요한 주제로, 이를 통해 우리는 인간 소통의 본질과 그 한계를 성찰할 수 있다.

불안한 소통의 문학적 분석

불안한 소통은 문학에서 반복적으로 탐구되는 주제로, 인간의 내면적 갈등과 관계의 복잡성을 드러내는 중요한 요소다. 언어는 소통의 도구이자 개인의 정체성을 표현하는 수단이지만, 동시에 그 불완전성과 불확실성 때문에 오해와 불안을 유발하기도 한다. 문학에서는 이러한 불안한 소통을 통해 인간 존재의 복잡성과 불안정성을 탐구하며, 이는 종종 주인공들이 겪는 내적 갈등과 사회적 관계의 혼란을 심화시키는 역할을 한다.

프란츠 카프카Franz Kafka의 작품은 불안한 소통을 탐구하는 대표적인 예로, 특히 그의 소설 《변신Die Verwandlung》에서 이러한 주제가 강렬하게 드러난다. 주인공 그레고르 잠자는 어느 날 아침, 자신이 거대한 벌레로 변한 것을 깨닫게 된다. 그는 가족과의 소통이 불가능해지고, 인간으로서의 정체성을 잃어버리며 극도의 고립감과 불안을 경험한다. 카프카는 이 작품을 통해 언어적 소통이 불가능해질 때 인간이 겪는 불안을 극적으로 표현했다. 그레고르는 변신 후에도 여전히 인간의 사고방식을 유지하고 있지만, 더 이상 언어를 통해 자신의 존재를 설명하거나 이해받을 수 없다. 이로 인해 그는 가족으로부터 점점 소외되고, 자신의 존재 의미마저 상실해 간다. 카프카의 《변신》은 소통의 실패가 어떻게 존재의 불안과 고립을 초래하는지를 강렬하게 보여주는 작품이다.

헨리 제임스Henry James의 《나사의 회전The Turn of the Screw》은 불안한 소통과 내적 갈등을 중심으로 전개되는 심리적 스릴러이다. 이 소설의 주인공은 어린 두 아이를 돌보는 가정교사로, 저택에서 일어나는 초자연적 현상들과 아이들에 대한 불안감에 점점 사로잡힌다. 그러나 그녀는 자신의 경험과 감정을 다른 인물들에게 제대로 전달하지 못하며, 이는 점점 더 깊은 불안과 혼란으로 이어진다.

제임스는 이 작품에서 불확실한 소통이 어떻게 불안을 증폭시키는지를 탐구한다. 가정교사는 자신의 두려움과 의심을 아이들의 삼촌이나 집안의 하녀에게 솔직하게 털어놓지 못하며, 이를 통해 그녀의 불안이 점점 더 고립된 상태에서 증폭된다. 독자들은 그녀의 서술이 믿을 수 있는 것인지, 아니면 그녀가 자신의 불안 속에서 정신적으로 불안정해진 것인지 판단할 수 없게 되며, 이는 작품의 긴장감과 불안을 더욱 고조시킨다. 《나사의 회전》은 불안한 소통이 개인의 내적 갈등을 어떻게 심화시키고, 불안을 극대화할 수 있는지를 보여준다.

표도르 도스토옙스키 Fyodor Dostoevsky의 《**죄와 벌**Преступление и наказание》은 주인공 라스콜니코프의 내적 갈등과 사회적 소외를 중심으로, 소통의 불안이 그의 죄의식과 불안에 어떻게 영향을 미치는지를 탐구한 작품이다. 라스콜니코프는 자신의 범죄에 대해 아무에게도 고백하지 못하며, 이로 인해 그의 불안과 고립감은 더욱 깊어진다. 그는 다른 사람들과의 소통에서 끊임없이 불안을 느끼며, 이는 그가 자신의 죄책감을 극복하지 못하게 만든다.

도스토옙스키는 이 작품에서 주인공이 느끼는 불안한 소통을 통해, 인간의 내적 갈등과 도덕적 혼란을 심도 있게 분석했다. 라스콜니코프는 자신이 지닌 철학적 신념과 도덕적 갈등 사이에서 고뇌하며, 이를 타인에게 제대로 전달하지 못한다. 이로 인해 그는 점점 더 고립되고, 자신의 불안에 갇히게 된다. 《죄와 벌》은 소통의 불안이 개인의 도덕적, 심리적 갈등을 어떻게 증폭시키는지를 보여주는 중요한 문학적 사례다.

사뮈엘 베케트 Samuel Beckett의 《**고도를 기다리며**Waiting for Godot》는 언어의 한계와 그로 인한 불안한 소통을 극적으로 탐구한 작품이다. 두 주인공, 블라디미르와 에스트라공은 고도를 기다리며 끝없는 대화를 나누지만, 그들의 대화는 종종 무의미하거나 서로 이해되지 않는 말들로 가득 차 있다. 이들의 소통은 언어의 불확실성 속에서 끊임없이 어긋나며, 이는 그들이 느끼는 불안과 혼란을 극대화한다. 베케트는 이 작품에서 언어가 본질적으로 불완전하며, 인간이 그것을 통해 완전한 소통을 이루기 어렵다는 점을 강조한다. 블라디미르와 에스트라공의 대화는 서로를 이해하지 못하고, 그들의 소통은 결국 그들 자신과 관객에게 불안과 허무함을 남긴다. 《고도를 기다리며》는 불안한 소통이 인간 존재의 근본적 불안과 얼마나 깊이 연결되어 있는지를 보여주는 작품으로, 언어의 한계가 소통의 불안을 어떻게 초래하는지를 탐구한다.

불안한 소통은 문학에서 인간의 내면적 갈등과 관계의 복잡성을 드러내는 중요한 주제다. 카프카, 제임스, 도스토옙스키, 베케트와 같은 작가들은 언어의 불완전성과 불확실성에서 비롯된 소통의 실패와 그로 인한 불안을 깊이 탐구했다. 이들은 소통의 불안이 개인의 내적 갈등을 심화시키고, 인간 존재의 불안정성을 강화하는 방식들을 문학적으로 표현했다.

불안한 소통의 문학적 분석은 언어의 한계를 이해하고, 그것이 인간관계와 존재에 미치는 영향을 성찰하는 데 중요한 통찰을 제공한다. 문학은 불안한 소통을 통해 인간 경험의 복잡성과 심오함을 탐구하며, 이를 통해 독자들은 자신과 타인 사이의 소통에서 발생하는 불안에 대해 더욱 깊이 이해할 수 있다. 언어의 불확실성이 불러일으키는 불안은 인간 존재의 필연적인 측면이며, 문학은 이를 통해 우리가 직면한 불안과 그 의미를 성찰하는 도구가 된다.

○ 제3부

불안과의 공존
현대인의 삶과 치유의 여정

"불안을 이겨내는 것이 아니라,
품고 함께 살아가는 기술이 필요하다."

현대사회에서
우리가 느끼는 불안에 대하여

"속도가 빨라질수록 마음은 숨을 곳을 잃는다."

▶ 바우만, 《액체근대》

기술 발전, 그리고 넘쳐나는 정보들

현대사회에서 기술 발전과 정보 과부하는 개인의 불안을 크게 증폭시키는 요소로 작용한다. 기술 혁신은 우리에게 편리함과 정보 접근의 용이함이라는 선물을 주었지만, 동시에 우리는 그 이면에 존재하는 압박감과 불안에 시달리고 있다. 디지털 기술과 인터넷의 발전은 정보의 홍수를 초래하며, 이러한 정보 과부하는 우리의 정신적 안정을 위협하고 있다. 현대인의 불안은 이러한 기술적 진보와 밀접하게 연결되어 있으며, 이는 우리 삶의 다양한 측면에서 드러난다.

기술의 급격한 발전은 우리 생활의 거의 모든 측면을 변화시켰다. 스마트폰, 인터넷, 인공지능AI, 소셜 미디어 등의 기술은 우리가 일하고 소통하고 여가를 즐기는 방식을 근본적으로 바꾸어 놓았다. 이러한 변화는 새로운 형태의 불안을 야기한다. 기술 발전의 속도가 너무 빠르다 보니 많은 사람들이 이를 따라잡기 어려워하며, 이는 기술적 소외감과 불안으로 이어진다.

특히 인공지능과 자동화 기술의 발전은 직업의 미래에 대한 불안을 만들어낸다. 많은 사람들이 AI와 로봇이 인간의 일자리를 대체할 것이라는 두려움을 느끼며, 이러한 불안은 불확실한 미래에 대한 걱정과 불안감을 증폭시킨다. 기술이 우리에게 새로운 기회를 제공하기도 하지만, 동시에 기존의 안정된 직업과 일상을 위협하고 있다는 사실이 심리적 불안으로 작용하는 것이다.

또 기술 발전과 함께 쏟아지는 정보의 과부하는 현대인의 불안을 심화시킨다. 디지털 시대에 우리는 하루에도 수백, 수천 개의 정보에 노출되며, 이러한 정보의 홍수는 우리의 정신적 에너지를 소모시키고, 집중력을 분산시킨다. 우리는 정보에 과다 노출되면서 정신적 피로와 스트레스를 느끼게 되는데, 이는 앞에서도 말했듯 만성적인 불안으로 이어질 수 있다. 인터넷과 소셜 미디어는 방대한 양의 정보를 실시간으로 제공하지만, 이러한 정보가 항상 유용하거나 필요한 것은 아니다. 우리는 종종 중요하지 않은 정보나 부정적인 뉴스에 의해 압도당하며, 이로써 불안감을 느낀다. 또 정보의 홍수 속에서 중요한 정보를 걸러내고, 그것을 효과적으로 처리하는 능력에 대한 압박감도 불안을 증폭시킨다. '뉴스 피로증 news fatigue'이라는 말이 있다. 이는 끊임없이 쏟아지는 뉴스와 정보에 압도되어, 이를 더 이상 감당할 수 없을 때 발생하는 불안과 피로감을 의미한다. 현대인들은 전 세계에서 일어나는 사건, 사고에 대한 정보에 끊임없이 노출됨으로써 심리적 부담을 느끼고 불안감을 갖게 된다.

기술 발전과 정보 과부하가 가져오는 또 하나의 심각한 문제는 바로 '디지털 중독'이다. 우리가 알아차리지 못하는 사이 하루에도 수천 번 이상 핸드폰을 터치한다는 통계가 있다. 그 정도로 많은 사람이 스마트폰과 인터넷 사용에 지나치게 의존하고 있다. 디지털 중독은 사람들의 일상적인 삶에 부정적인 영향을 미치며, 사회적 관계를 악화시키고, 정신 건강을 해치는 심각한 문제로 대두되고 있다.

특히 소셜 미디어는 불안을 유발하는 주요 요인으로 작용한다. 소셜 미디어 사용이 과도해지면, 우리는 다른 사람들과 끊임없이 비교하게 되고, 자신에 대한 불만족과 불안을 느끼게 된다. 또한, 소셜 미디어의 알림과 피드백 시스템은 사용자가 지속적으로 연결 상태를 유지하게 만들며, 이는 휴식과 재충전의 시간을 빼앗고, 만성적인 불안을 초래한다. 연구에 따르면, 소셜 미디어 사용 시간이 길수록 불안과 우울증의 증상이 더 많이 나타날 수 있다고 한다. 디지털 세계에 과도하게 몰입하면서 현실 세계에서의 삶의 질이 저하되고, 사회적 고립감과 불안이 심화되는 결과가 초래되기 때문이다.

불안 관리와 디지털 균형

급격한 기술 발전과 정보 과부하로 인한 불안을 관리하기 위해서는 무엇보다 '디지털 균형'을 유지하는 것이 중요하다. 디지털 균형이란 기술의 혜택을 누리면서도 그로 인한 부정적인 영향을 최소화하는 전략을 의미하는데, 이 책에서는 크게 3가지로 나누어 설명해보려 한다.

첫째, 디지털 디톡스digital detox**가 필요하다.**

이는 일정 기간 동안 스마트폰, 인터넷, 소셜 미디어 등을 의도적으로 사용하지 않음으로써, 디지털 세계에서 벗어나 자신을 재충전하는 방법이다. 한 예로, 일전에 40대 중반의 회사원 김 씨는 가족 간 소통의 부재에 대한 심각성을 안고 찾아왔다. 각자 바쁜 일상 때문에 가끔 함께하는 식사 자리에서마저 가족 구성원들은 한 손에 스마트폰을 든 채 식사를 하기 바빴고, 대화 한 마디 나누지 못하는 게 일상이라고 했다. 그는 극심한 외로움 속에서, 어느 순간부터는 깊은 대화를 나누는 일조차 어색하게 느껴진다고 털어놓았다. 나는 그가 자신의 일상에 스며든 디지털의 흐름을 천천히 들여다보며, 그 안에서 스스로 숨 고를 수 있는 공간이 어디쯤인지 마주해보기를 기다렸다. 어쩌면 그 속에서 자신만의 '멈춤'의 리듬을 발견할지도 모른다. 그가 자신의 내면에 조용히 귀 기울일 수 있다면 그곳엔 이미 작지만 이정표들이 놓여 있을지도 모른다. 아래에 소개하는 몇 가지 방법은 그가 그 길 위에서 잠시 멈추고 스스로의 리듬을 다시 찾는 데 도움이 될 수 있는 쉼표 같은 것들이다. 그 첫 번째 솔루션은 일주일 한 번, '디지털 없는 하루'였다. 주말마다 핸드폰을 비롯해 모든 디지털 기기를 내려놓고 가족 구성원들이 모여 시간을 보내도록 한 것이다.

처음에는 당장의 쾌락을 주지 못하는 대화와 가족 간의 활동이 따분하고 답답하게 느껴졌다. 하지만 보드게임을 함께 즐기고, 공원으로 나들이를 가 자연과 함께하기도 하면서 가족 구성원들은 점점 디지털이 없는 시간을 소중하게 여기게 되었다. 몇 달 후 김 씨의 큰딸은 "아빠, 우리 '디지털 없는 날'을 평일에도 한번 해볼까요?" 하고 제안했다고 한다. 이러한 디지털 디톡스는 정보 과부하와 디지털 중독으로 인한 불안을 줄이고, 정신적 건강을 회복하는 데 도움을 줄 수 있다.

둘째, 정보의 선별적 소비가 필요하다.

우리는 모든 정보를 다 받아들일 필요가 없으며, 자신에게 정말로 필요한 정보만을 선택적으로 소비할 수 있는 능력을 키워야 한다. 이를 통해 정보 과부하로 인한 불안을 줄이고, 집중력을 유지할 수 있다. 정보 과부하는 특히 청소년들에게 미치는 영향이 매우 심각하다. 상담을 위해 찾아온 B학생은 하루 10시간 이상 스마트폰을 사용하며 학업 성취도와 수면 패턴이 크게 악화되었다. 부모님의 권유로 상담을 시작한 그는, 상담 초기에는 상담실에 오는 것 자체를 회피하려 했다. 특별한 목적 없이 충분히 잠을 자고 쉬어야 할 시간에도 스마트폰을 들여다보았으며, 다양한 앱과 채널을 통해 입수한 정보로 그 연령에 적합하지 않은 정보에까지 노출되는 상황이었다. 그러다 보니 또래 아이들과 어울리는 게 쉽지 않았고, 점점 더 혼자만의 시간에 몰입하고 고립되는 일이 잦아졌다. 나는 B학생에게 먼저 '디지털 사용 시간 기록표'를 쓰게 했고, 스마트폰 대신 즐길 수 있는 활동을 함께 탐색했다. 학생은 농구를 통해 에너지를 발산하고 친구들과의 오프라인 만남에서 즐거움을 찾기 시작했다. 상담 6개월 후, 그는 스마트폰 사용 시간을 하루 3시간으로 줄이고 학업에도 다시 집중할 수 있게 되었다. 몸과 정신의 건강한 조화를 회복하게 된 것이다.

셋째, 기술 사용에 대한 의식적인 통제가 필요하다.

이는 기술이 우리의 삶을 지배하는 것이 아니라, 우리가 기술을 효과적으로 활용할 수 있도록 하는 것을 의미한다. 예를 들어, 소셜 미디어 사용 시간을 제한하거나, 업무 시간과 휴식 시간을 분명히 구분하는 등의 전략이 있을 수 있다. 이러한 조치는 디지털 중독을 예방하고, 불안을 관리하는 데 중요한 역할을 할 수 있다.

최근 한 기사에서 '스마트폰 없는 여행지의 인기'에 대해 보았다. 최근 몇 년간, '스마트폰 프리 존Smartphone-Free Zone'으로 불리는 여행지들이 전 세계적으로 인기를 끌고 있다는 것이다. 제주도의 한 펜션은 방문객들에게 입장 시 스마트폰을 반납하도록 요구한다.

대신 독서실, 작은 정원, 산책로를 제공했다. 방문객인 34세 박 씨는 "처음에는 스마트폰 없이 시간을 보내는 게 불안했지만, 이틀째부터는 온전히 자연과 나 자신에 집중할 수 있었다."라며 놀라움을 표했다. 그는 그곳에서 얻은 평온함 덕분에 이후에도 큰 부담 없이 하루 한 시간씩 디지털 기기를 끄는 습관을 훈련 중이다. 이 펜션은 '디지털 기기를 내려놓고 진짜 연결을 찾으세요!'라는 슬로건으로 관광객들을 맞이하며, 새로운 디지털 디톡스 트렌드를 선도했다.

기술 발전과 정보 과부하는 현대사회에서 불안을 증폭시키는 중요한 요인이다. 우리는 기술의 혜택을 누리면서도, 그로 인한 부정적인 영향을 관리할 방법을 모색해야 한다. 디지털 시대의 불안은 단순히 기술적인 문제가 아니라, 우리의 삶과 정신 건강에 깊은 영향을 미치는 복합적인 문제이다. 따라서 디지털 균형을 유지하고, 정보의 과다 노출로 인한 스트레스를 줄이기 위한 노력이 필요하다. 앞에서 말한 것처럼 스마트폰이 없는 공간을 확대하고 자연과 좀 더 친화적인 활동을 할 수 있는 방안을 모색할 수 있다. 가정에는 가족이 공동으로 즐길 취미나 활동을 마련해 최소 일주일에 한 번 정도는 함께할 수 있도록 하거나, 식사 시 디지털 기기 없이 할 수 있는 시간을 정하는 것도 도움이 될 것이다. 성인의 경우 스스로 절제와 균형을 찾기 위해 기기의 사용시간을 제한할 수 있고, 청소년에게는 적정 시간만 사용할 수 있도록 의식적인 통제를 해야 한다. 학교나 지역사회를 통해 디지털 리터러시Digital Literacy; 디지털 기술, 데이터, 정보, 콘텐츠, 미디어를 읽고, 분석하고, 쓸 줄 아는 능력과 소양 **강화**를 위해 교육 프로그램을 운영하는 것도 좋은 방향성이 될 수 있다. 만약 이런 솔루션으로 해결할 수 없는 심각한 중독 상태에 이르렀다면 전문 상담이나 중독 관리 프로그램을 적용해 해결할 수 있도록 해야 한다.

이러한 노력은 우리가 기술 발전의 혜택을 최대한으로 활용하면서도, 불안에 압도되지 않고 건강한 정신 상태를 유지할 수 있도록 해준다. 기술 발전과 정보 과부하 속에서의 불안 관리는 현대인의 삶에서 중요한 과제이며, 이를 통해 우리는 더욱 안정적이고 행복한 삶을 영위할 수 있을 것이다.

소셜 미디어와 비교 불안

소셜 미디어는 현대인의 일상에서 중요한 부분을 차지하고 있지만, 동시에 불안의 강력한 원천이기도 하다. 소셜 미디어로 인한 타인과의 비교는 '비교 불안'을 증폭시키는 중요한 요인으로 작용한다. 비교 불안은 타인의 삶이 더 행복하고 성공적으로 보일 때 느끼는 불안과 열등감을 의미하며, 이는 개인의 자존감과 정신 건강에 심각한 영향을 미칠 수 있다.

소셜 미디어는 사람들이 자신의 일상, 성취, 외모 등을 공유하는 공간으로, 이는 본질적으로 비교를 촉진하는 구조를 지닌다. 사람들은 자신의 삶에서 가장 빛나는 순간들만을 소셜 미디어에 게시하는 경향이 있으며, 이는 자신을 이상적으로 포장하는 방식으로 나타난다. 이러한 모습들은 현실을 왜곡하여 타인에게 완벽한 삶을 살고 있다는 인상을 줄 수 있으며, 이를 본 사람들은 자신과 타인의 삶을 비교하며 불안을 느끼게 된다. 인스타그램, 페이스북, 틱톡과 같은 플랫폼에서 사람들은 타인의 여행, 성공, 가족, 외모 등을 보게 되는데 자신이 그에 미치지 못한다고 느낄 때 비교 불안이 발생하는 것이다. 특히, 유명인사나 인플루언서들의 완벽한 이미지가 주는 압박감은 일반 사용자들에게 더 큰 불안을 유발할 수 있다. 이러한 비교는 사용자가 자신을 낮게 평가하게 만들며, 불안과 열등감을 증폭시킨다.

이러한 불안감들은 다양한 심리적 문제를 불러오는데, 가장 흔한 영향이 바로 '자존감 저하'이다. 소셜 미디어에서 타인의 성공과 행복을 지속적으로 접하는 사람들은 자신의 삶이 부족하다고 느끼며, 자존감이 낮아질 수 있다. 이는 자기 가치에 대한 의심을 불러일으키고, 장기적으로는 우울증이나 불안 장애로 이어질 수 있다. 또 비교 불안은 자신의 삶에 대한 불만족감을 증대시킨다. 사람들은 소셜 미디어에서 타인의 삶이 더 나아 보일수록 자신의 현재 상황에 대해 불만족을 느끼며, 이는 개인의 행복감을 감소시킨다. 끊임없이 더 나은 삶을 추구하게 되지만, 현실과 소셜 미디어에서 보이는 이상화된 이미지 사이의 괴리가 커질수록 불안감도 증가한다.

비교 불안은 사회적 관계에도 영향을 미칠 수 있다. 사람들은 소셜 미디어에서 타인의 삶을 관찰하면서, 자신이 그들과 다르다는 느낌을 받을 수 있다. 이는 사회적 고립감을 증대시키며, 친구나 가족과의 관계에서 불안감을 느끼게 할 수 있다. '나만 이렇게 살고 있나?' '내가 뭔가 이상한가?' 하는 감정들은 실제 사회적 상호작용을 회피하게 만들고, 더 큰 불안을 초래할 수 있다.

특정 집단, 특히 청소년과 젊은 성인들은 소셜 미디어에서의 비교 불안에 더욱 취약하다. 이들은 자아정체성을 형성하는 시기에 있으며, 타인의 인정을 받기 위해 소셜 미디어에 의존하는 경향이 강하다. 이러한 연령대에서 비교 불안은 자아정체성의 혼란과 자기 가치에 대한 심각한 의심으로 이어질 수 있다. 연구에 따르면, 청소년들은 소셜 미디어에서 또래 집단과 끊임없이 비교하며, 자신의 외모, 사회적 지위, 학업 성취 등에 대해 불안감을 느끼는 경우가 많다. 이로 인해 불안 장애, 우울증, 섭식 장애와 같은 정신 건강 문제의 위험이 증가할 수 있다. 젊은 성인들 역시 직장, 연애, 사회적 성공과 관련하여 타인과 자신을 비교하며 불안을 느낀다.

소셜 미디어에서의 비교 불안을 완화하기 위해서는 의식적인 노력이 필요하다. 첫째, 소셜 미디어 사용 시간을 줄이는 것이 중요하다. 일정한 시간을 정해 두고 소셜 미디어를 사용하는 것이 불필요한 비교를 피하는 데 도움이 된다. 또한 자신이 팔로우하는 계정을 정리하고, 자신에게 긍정적인 영향을 주는 콘텐츠만을 선택적으로 소비하는 것이 필요하다. 둘째, 소셜 미디어에서 타인의 삶을 있는 그대로 받아들이고, 이상화된 이미지에 휩쓸리지 않는 태도를 기르는 것이 중요하다. 타인의 게시물이 '필터링된 현실의 일부'라는 사실을 인식하고, 자신과 비교하지 않으려는 노력이 필요하다. 이는 자기 자신에 대한 긍정적인 태도를 유지하고, 자존감을 보호하는 데 도움이 된다. 셋째, 자기 자신에게 집중하는 태도가 필요하다. 자신의 목표와 가치를 명확히 하고, 타인과의 비교 대신 자기 발전에 집중해야 한다. 이는 비교 불안을 줄이고, 자신에게 더 만족할 수 있는 삶을 만들어준다.

소셜 미디어는 비교 불안을 유발할 수 있는 강력한 도구이지만, 이를 의식적으로 관리하고 조절할 수 있다면 긍정적인 도구로 활용할 수 있다. 비교 불안은 우리가 타인의 이상화된 이미지에 너무 쉽게 영향을 받기 때문에 발생하는 것이며, 이를 극복하기 위해서는 자기 자신에 대한 신뢰와 자존감을 강화하는 노력이 필요하다.

경쟁 사회와 성취에 대한
압박이 주는 불안

"'나는 충분한가?'라는 질문은, 우리 사회가 만든 가장 잔인한 주문이다."

— 염두연

학교와 직장은 불안의 장場

현대사회는 경쟁이 치열한 환경 속에서 성취를 강요하는 구조로 이루어져 있다. 이러한 경쟁 사회는 개인에게 끊임없는 압박을 가하며, 이는 학업과 직장에서 심각한 불안으로 나타난다. 학업과 직장에서의 불안은 개인의 자존감, 정신 건강, 그리고 전반적인 삶의 질에 깊은 영향을 미치며, 이러한 불안을 극복하는 방법을 찾는 것이 현대인의 중요한 과제가 되고 있다.

현대 교육 시스템은 성적, 시험 결과, 대학 입학 등 특정 성취를 강조하는 경향이 강하다. 학생들은 끊임없이 경쟁 속에서 우위를 차지해야 한다는 압박을 받으며, 이는 심리적 불안으로 이어질 수 있다. 특히, 입시와 같은 중요한 시험을 앞둔 학생들은 불확실한 미래와 높은 기대치로 인해 극도의 불안을 경험할 수 있다. 이러한 학업에서의 불안은 다양한 방식으로 나타난다. 학생들은 시험 준비 과정에서 스트레스와 긴장을 느끼며, 시험에 대한 두려움과 실패에 대한 공포가 불안의 주요 원인이 된다. 일부 학생들은 이로 인해 불면증, 집중력 저하, 그리고 신체적인 증상(예: 두통, 소화불량)을 경험하기도 한다. 또한, 성취에 대한 압박이 과도할 경우, 우울증과 같은 심리적 장애로 발전할 가능성도 있다.

학업에서의 불안은 성적에 대한 사회적 기대와도 밀접하게 연관되어 있다. 학생들은 부모, 교사, 동료로부터 높은 성취를 기대받으며, 자신이 이러한 기대를 충족하지 못할 경우 자존감이 낮아지고 불안이 증가한다. 이러한 압박은 학생들이 자신을 과소평가하게 만들며, 이는 장기적으로 자기 효능감self-efficacy을 저하시킬 수 있다.

예전에 상담했던 한 여고생은 매일 아침 학교에 가는 것 자체를 극도로 고통스러워했다. 성적이 상위권에 속했지만, 그 자리를 지켜야 한다는 부담감이 그녀를 불안과 불면증으로 몰아넣었다. 시험 전날은 특히 심각했다. 밤새도록 책을 붙들고 있지만, 집중이 되지 않아 좌절감을 느꼈다. 부모님은 민지가 공부에만 매달리는 모습에 걱정을 느꼈고, 도움을 요청했다. 상담을 하며 정말 심각하다고 느낀 것은, 이 학생의 경우 학업과 관련한 과한 목표를 설정하고 마치 그것이 삶의 목표인 것처럼 오직 그것에만 매달리고 있다는 사실이었다. 더욱이 이 학생은 학업에 몰두함으로써 발생하는 스트레스를 풀 수 있는 어떠한 방법도 갖고 있지 않았다. 마치 곧 터질 시한폭

탄처럼 아슬아슬한 상태로 삶을 유지하고 있었던 것이다. 내담자와 이야기를 나누면서, 스스로 학업에 대한 목표 설정을 적절한 수준으로 조절하고, 공부 외의 다른 활동에 대한 자기탐색의 기회를 가졌다. 평소 그림에 관심이 있었던 학생은 그림을 그리며 스트레스를 해소하기 시작했고, 시험 결과에만 매달리기보다는 노력하는 과정 자체에 만족하기 시작하면서 극도의 불안감에서 점차 벗어날 수 있었다.

성인에게 이런 비교와 경쟁 구도에서의 불안감이 극에 달하는 곳이 있다면 바로 '직장(일터)'이다. 직장에서는 성취와 성공이 개인의 가치와 연결되는 경향성이 있다. 사람들은 자신의 업무 성과를 통해 인정받고, 승진이나 보상을 받기 위해 끊임없이 노력해야 한다. 그러나 이러한 성취 압박은 직장 내에서 심각한 불안을 초래할 수 있다. 특히, 현대의 직장은 높은 성과를 요구하는 환경이 많아, 직원들은 끊임없는 스트레스와 불안 속에서 일해야 한다.

직장에서의 불안은 업무 성과에 대한 압박, 과도한 업무량, 직장 내 경쟁, 직업적 안정성의 부족 등 다양한 요인으로부터 비롯된다. 예를 들어, 성과 평가나 프로젝트 마감일이 다가올 때 직원들은 자신이 충분히 좋은 성과를 내지 못할 것이라는 불안에 시달린다. 이는 생산성 저하, 창의성 위축, 직무 만족도 감소와 같은 부정적인 결과를 초래할 수 있다. 또 직장 내에서의 불안은 번아웃burnout으로 이어질 수 있다. 번아웃은 지속적인 스트레스와 과도한 업무 요구로 인해 발생하는 심리적 탈진 상태로, 이는 직장 내 성취 압박이 심한 환경에서 흔히 나타난다. 번아웃은 신체적 피로, 감정적 소진, 냉소주의, 직무에 대한 부정적 태도 등을 유발하며, 개인의 전반적인 정신 건강에 심각한 영향을 미친다.

30대 중반의 남성인 혁수 씨는 회사에서 개발한 제품을 마케팅하는 팀의 팀장으로 일하고 있다. 마케팅 부서는 회사의 매출과 직결되는 부서이다 보니 늘 성과 압박에 시달린다. 상사의 지속적인 목표 상향 조절, 동료와의 치열한 경쟁 등은 그를 늘 불안감에 시달리게 했다. 그러던 어느 날 혁수 씨는 번아웃 증상을 겪게 되었다. 여느 날과 마찬가지로 늦은 시각까지 부서원들과 모여 회의를 하고 있는데, 갑자기 말을 잇지 못하고 멍해지는 순간이 찾아온 것이다. 그날 혁수 씨는 상사와의 면담에서 솔직하게 자신의 상태를 털어놓았다. 회사는 혁수 씨에게 몇 주간의 휴가를 주고, 심리 상담을 권했다. 휴가 중 혁수 씨는 산책과 명상을 통해 자신을 돌아보며 마음을 정리했다. 그는 복귀 후 업무 시간 관리를 개선하고, 팀원들과의 협력을 통해 압박을 줄이는 방향으로 일하기 시작했다.

이렇게 학업과 직장으로부터 오는 불안을 관리하기 위해서는 개인적, 조직적 차원의 노력이 필요하다. 개인적으로는 스트레스 관리 기술을 배우고, 현실적인 목표 설정을 통해 불안을 줄일 수 있다. 예를 들어, 시간 관리, 명상, 심호흡과 같은 스트레스 완화 기법을 활용하면 불안을 효과적으로 줄일 수 있다. 또 자신에게 지나친 기대를 걸기보다는 현실적이고 도전 가능한 목표를 설정하는 것이 중요하다. 이는 실패에 대한 두려움을 줄이고, 성취감을 높여 불안을 완화하는 데 도움이 된다. 자신의 성과를 인정하고 작은 성공을 축하하는 것도 긍정적인 영향을 미칠 수 있다. 조직적으로는 학업과 직장 내에서의 성과 평가 시스템이 개선될 필요가 있다. 학생과 직원들이 지나친 성취 압박을 느끼지 않도록, 보다 유연하고 공정한 평가 시스템을 도입하는 것이 중요하다. 심리적 지원 프로그램이나 상담 서비스를 통해 불안을 겪는 사람들에게 필요한 도움을 제공하는 것도 효과적일 수 있다.

앞 장들을 통해 살펴보았듯 인간에게 '불안'이라는 감정은 결코 떼어놓고 생각할 수 없다. 이를 완전히 제거하려는 노력 대신 불안과 건강하게 공존하기 위한 방법을 찾는 게 더 중요하다. 학업, 직장이라는 환경에 있을 때는 우선 성취에 대한 압박을 줄이고, 자신을 있는 그대로 인정하는 태도가 중요하다. 이는 현대인의 삶에서 불안을 관리하고, 보다 균형 잡힌 삶을 영위하는 데 필수적인 요소라 할 수 있다.

자아와 성취 간의 갈등

현대사회에서 자아와 성취 간의 갈등은 많은 이들이 겪는 심리적 어려움 중 하나다. 개인이 자신을 실현하고, 사회적으로 인정받기 위해 성취를 추구하는 과정에서, 때로는 자신의 진정한 자아와 충돌하는 상황이 발생한다. 이러한 갈등은 깊은 불안과 혼란을 초래하며, 개인의 정신 건강과 전반적인 삶의 만족도에 부정적인 영향을 미칠 수 있다.

에리히 프롬Erich Fromm은 그의 저서 《자유로부터의 도피Escape from Freedom》를 통해 사람들이 사회적 성공을 추구하면서 자아를 상실하고, 그로 인해 불안을 느끼는 과정을 설명했다. 그는 사회적 인정과 성공이 중요시되는 문화 속에서 개인이 진정한 자아를 잃어버리고, 그 결과 심리적 불안과 소외감을 경험하게 된다고 주장했다.

현대사회는 성과와 성공을 중시하는 문화를 강조한다. 학교에서의 높은 성적, 직장에서의 승진, 경제적 부, 사회적 지위 등 다양한 형태의 성취가 개인의 가치를 평가하는 기준으로 자리 잡고 있다. 이러한 사회적 압력 속에서 사람들은 외부의 기대에 부응하기 위해 끊임없이 노력하게 된다. 그러나 이 과정에서 자신의 진정한 자아와 욕구가 무시되거나 억압될 때, 심리적 갈등과 불안이 발생한다.

사람들이 성취를 추구하는 과정에서 자아와 갈등을 겪는 주요 원인 중 하나는 자신의 진정한 욕구와 외부의 기대 사이의 불일치이다. 즉 우리는 대부분 자신의 내적 욕구와 가치를 충족시키기 위해 노력하지만, 때로는 외부에서 요구하는 성취와 자신의 내적 욕구가 일치하지 않는 것이다. 예를 들어, 개인은 사회적으로 성공한 모습이 되기를 원하지만, 그 과정에서 자신이 진정으로 원하는 것과 점점 멀어지게 될 때 내적 갈등이 발생한다. 또 한 예로 예술가가 자신의 창의적 열정을 표현하기 위해 예술 작품을 만들고 싶어 하지만, 외부에서 요구하는 상업적 성공을 달성하기 위해 작품을 수정해야 할 때, 내적 욕구와 외적 성취 사이의 갈등이 발생할 수 있다. 이러한 상황에서 예술가는 자신의 작품이 상업적으로 성공하더라도, 그것이 자신의 진정한 자아를 반영하지 않는다고 느낄 수 있으며, 이는 심리적 불안과 만족감의 저하로 이어진다.

이러한 내적 욕구와 외적 성취의 불일치는 많은 직업에서 발생할 수 있다. 직장에서의 승진이나 성과는 개인의 능력을 인정받는 중요한 요소이지만, 그 과정에서 자신의 가치나 윤리적 기준과 충돌할 때, 내적 갈등이 발생한다. 이러한 갈등은 개인이 자신의 성취에 대해 진정한 만족감을 느끼지 못하게 만들며, 장기적으로는 직업적 번아웃이나 우울증과 같은 정신 건강 문제로 이어질 수 있다. 이는 자아 정체성의 혼란과 함께 불안감을 유발하며, 개인이 자신을 잃어버렸다는 느낌을 갖게 만들 수 있다.

한 예로, 30대 직장인인 희진 씨는 30대 중반의 대기업 관리자로 빠르게 승진하며 많은 이들의 부러움을 받았다. 그녀는 매년 목표를 초과 달성했고, 회사에서 '핵심 인재'로 평가받았다. 그러나 늘어난 업무량과 지속적인 압박 속에서 희진 씨는 자꾸만 '과연 이것이 내가 원하던 삶일까?' 하는 의문이 들기 시작했다. 대학 시절 희진 씨는 비영리 단체에서 일하며 어려운 사람을 돕는 꿈이 있었다. 그러나 현실적인 이유로 안정적인 직장을 택했고, 사회적인 성공을 통해 성취감을 느끼긴 했지만 점점 자신이 원하는 삶과는 멀어지는 느낌을 갖게 된 것이다. 결국 그녀는 심리적 소진과 번아웃을 경험하며 건강에도 이상 신호가 나타나기 시작했다.

더는 그 상태로 일상은 물론 직장 생활마저 힘들어지겠다고 판단한 희진 씨는 전문가에게 도움을 요청했고, 상담사의 도움에 따라 자신이 진정 원하는 것을 차분하게 글로 정리해나갔다. 여전히 그녀는 자신이 다른 사람을 돕는 데서 기쁨과 보람을 느끼며 자아가 충만해지는 것을 느낀다고 했다. 현실적인 문제를 위해 직장을 포기할 수 없다면, 일에만 매달리는 것이 아니라 자아 성취감을 느낄 수 있는 활동을 삶 속에서 병행하는 것이 해결의 열쇠일 수 있었다.

결국, 희진 씨는 비영리 단체와 협력 프로젝트를 시작했다. 회사에서도 업무량을 조절해 과도한 업무 부담을 줄였고, 이를 통해 직업적 만족도와 개인의 욕구를 동시에 채우는 좋은 결과를 얻을 수 있었다.

희진 씨의 경우처럼 자아와 성취 간의 갈등으로부터 오는 불안을 해소하기 위한 방법에는 어떤 것이 있을까? 무엇보다 내적 욕구와 외적 성취 사이에서 균형을 찾는 게 중요하다. 이는 자신의 진정한 욕구와 가치를 인식하고, 그것을 외부의 기대와 조화시키는 과정을 의미한다. 개인은 자신의 성취가 진정한 자아를 반영할 수 있도록 노력해야 하며, 이를 위해 외부의 기대에 지나치게 얽매이지 않도록 주의해야 한다.

자아실현self-actualization은 이러한 균형을 찾는 데 있어 매우 중요한 개념이다. 심리학자 에이브러햄 매슬로우Abraham Maslow는 자아실현을 인간의 최종적인 목표로 제시했으며, 이는 개인이 자신의 잠재력을 최대한으로 발휘하고, 자신의 내적 욕구를 충족시키는 상태를 의미한다. 자아실현을 추구하는 과정에서 사람들은 외부의 성취뿐만 아니라, 자신의 내적 만족감을 중요시하게 되며, 이를 통해 자아와 성취 사이의 갈등을 해소할 수 있다. 또한 카를 융Carl Jung의 개성화individuation 개념도 자아와 성취 간의 균형을 찾는 데 유용하다. 융은 개성화를 통해 개인이 자신의 무의식적 측면과 의식적 자아를 통합하고, 진정한 자아를 실현할 수 있다고 보았다. 이러한 과정에서 개인은 외부의 성취와 자신의 내적 가치 사이에서 조화를 이루며, 성취와 자아 간의 갈등을 극복할 수 있다.

현대사회에서 자아와 성취 간의 균형이 필요한 것은 청소년도 마찬가지다. 한 예로, 중학생인 지훈은 부진한 학업 성적으로 인해 늘 자신감이 부족했다. 그러나 친구들 사이에서 비교 기준이 가장 명확한 것은 성적이었기에 '난 열심히 해도 안 돼.' '잘하는 게 없구나.' '망했어.' 하는 생각으로 늘 자기비하를 하기 십상이었고, 공부 외에 어떤 일에도 재미를 찾지 못했다. 평소 관찰력이 뛰어나고 섬세한 지훈이를 지켜보았던 담임 선생님은 지훈에게 지역 도서관에서 진행하는 창의적 글쓰기 워크숍에 참여하라고 권유했다. 처음으로 자신만의 이야기를 창작하는 워크숍에서 지훈이는 '내가 잘할 수 있을까.' 하는 생각으로 처음엔 주저하는 듯하더니 곧 흥미를 느끼고 도전하기 시작했다. 그리고 얼마 후 글쓰기 대회에서 수상했다는 기쁜 소식을 들려주었다. 그는 글쓰기를 통해 자신이 가진 독특한 관점을 발견했고, 다른 사람들에게 영감을 주는 이야기를 만드는 것에 매력을 느끼게 되었다고. 공부가 아닌 다른 분야에서 지훈은 성취의 기쁨과 함께 자존감을 되찾아갔고, 성적보다 자신이 좋아하는 일에 몰두하는 삶의 가치를 배우게 되었다.

자아와 성취 간의 갈등은 현대사회에서 많은 사람들이 겪는 심리적 어려움이다. 사회적 성공과 성취를 추구하는 과정에서 자신의 진정한 자아를 잃어버리는 것은 깊은 불안과 혼란을 초래할 수 있다. 이때 내적 욕구와 외적 성취 사이의 균형을 찾는 것만이 이 갈등을 해결하는 열쇠가 될 수 있다. 자아실현과 개성화 과정을 통해, 사람들은 자신의 진정한 욕구를 인식하고, 이를 성취와 조화시키는 방법을 배울 수 있다. 이는 개인이 자신의 성취에 대해 진정한 만족감을 느끼고, 자아와 성취 간의 갈등을 극복할 수 있게 만든다. 현대사회에서 자아와 성취 간의 갈등을 관리하는 것은 정신 건강과 삶의 만족도를 높이는 데 중요한 역할을 하며, 이를 통해 우리는 더욱 균형 잡힌 삶을 살아갈 수 있게 된다.

집단적 트라우마와
불안

"어떤 상처는 함께 울 때야 비로소 치유된다."

● 베셀 반 데어 콜크

코로나 팬데믹은 우리에게 어떤 불안을 안겨주었나

코로나 팬데믹은 전 세계적으로 큰 충격을 주었으며, 집단적 트라우마와 불안을 유발한 대표적인 사건이다. 이 전례 없는 위기는 개인과 사회 전반에 걸쳐 깊은 영향을 미쳤으며, 불안과 공포가 일상 속에 스며들었다. 팬데믹은 개인의 정신 건강뿐만 아니라, 사회적 연대와 신뢰를 약화시키고, 집단적 트라우마를 심화시켰다. 이러한 불안은 여전히 우리 삶에 영향을 미치고 있으며, 이를 이해하고 극복하기 위한 노력이 필요하다.

코로나 팬데믹 초기, 전 세계는 갑작스러운 바이러스의 확산으로 인한 불확실성에 직면했다. 새로운 바이러스의 출현과 그것이 가져올 결과에 대한 무지가 불안을 극대화시켰다. 감염병에 대한 공포, 치료법의 부재, 그리고 빠르게 확산되는 뉴스와 소문들은 공포를 증폭시켰고, 이는 곧 집단적인 불안으로 나타났다. 사람들은 자신과 가족의 건강에 대한 두려움, 경제적 불안정성, 그리고 사회적 고립에 직면하게 되었다. 이러한 상황에서, 많은 사람들은 일상적인 활동을 포기하고 집에 머물며, 계속해서 불안한 상황에 노출되었다. 이러한 불안은 신체적 건강뿐만 아니라 정신적 건강에도 심각한 영향을 미쳤다. 코로나 팬데믹 초기의 불안은 사람들에게 깊은 무력감과 공포를 안겨주었으며, 이는 팬데믹이 끝난 이후에도 지속되는 집단적 트라우마로 남게 되었다.

팬데믹 동안 시행된 사회적 거리두기와 격리는 많은 사람들에게 심리적 고립감을 안겨주었다. 사회적 상호작용이 제한되면서 사람들은 가족, 친구, 동료들과의 물리적 접촉이 줄어들었고, 이는 외로움과 고립감을 증가시켰다. 사회적 고립은 불안을 증폭시키는 주요 요인 중 하나로, 이는 특히 취약한 사람들에게 심각한 영향을 미쳤다. 특히 노인, 독거인, 그리고 정신 건강에 이미 어려움을 겪고 있던 사람들은 팬데믹 동안 심화된 고립감을 경험했다. 연구에 따르면, 사회적 고립과 불안, 우울증 사이에는 강한 연관성이 있으며, 이는 팬데믹 동안 더욱 명확하게 드러났다. 많은 사람들은 팬데믹으로 인해 겪은 고립감과 외로움이 그들의 정신 건강에 장기적인 영향을 미쳤다고 보고하고 있다.

또 코로나 팬데믹은 경제적 불안을 크게 증가시켰다. 많은 사람들이 직업을 잃거나, 소득이 감소했으며, 이에 따라 생존에 대한 불안이 크게 증폭되었다. 팬데믹은 또한 사회적 불평등을 더욱 심화시켰다. 저소득층과 비정규직 노동자들은 팬데믹의 영향을 더욱 심각하게 받았으며, 이는 경제적 불안과 함께 사회적 불만을 증폭시키는 결과를 낳았다. 경제적 불안은 심리적 불안과 깊이 연결되어 있다. 팬데믹으로 인해 많은 사람들이 경제적 불안정을 경험하면서, 이는 그들의 전반적인 정신 건강에 부정적인 영향을 미쳤다. 경제적 불안은 가정 내 갈등을 증가시키고, 가족 구성원 간의 긴장감을 높였으며, 이는 사회 전반에 걸친 불안을 심화시켰다. 실제로 이 기간 동안 가정폭력이 증가했다는 기사도 보도된 적이 있다.

뿐만 아니라 팬데믹 동안 쏟아진 과도한 정보들은 불안을 증폭시키는 주요 요인으로 작용했다. 사람들은 뉴스를 통해 팬데믹의 상황을 실시간으로 접하며, 매일 쏟아지는 확진자 수, 사망자 수, 그리고 정부의 새로운 규제 등에 대한 정보를 소비했다. 그러나 이러한 정보의 홍수는 오히려 불안을 가중시키는 결과를 낳았다. 정보 과부하로 인해 사람들은 혼란스러움을 느끼고, 무엇이 사실인지 판단하기 어려워졌다. 이는 특히 가짜 뉴스와 음모론이 확산되면서 더욱 심각해졌다. 잘못된 정보는 사람들의 불안을 증폭시켰으며, 일부 사람들은 과도한 불안과 공포로 인해 극단적인 행동을 하기도 했다. 이러한 정보 과부하는 개인의 불안뿐만 아니라, 사회적 혼란을 초래하며 팬데믹의 집단적 트라우마를 심화시켰다.

코로나 팬데믹은 단순히 일시적인 불안을 초래한 것이 아니라, 장기적인 집단적 트라우마로 이어질 가능성이 크다. 팬데믹 동안 경험한 고립감, 경제적 불안, 건강에 대한 두려움 등은 많은 사람들에게 깊은 상처를 남겼다. 이러한 트라우마는 팬데믹 이후에도 지속될 수 있으며, 개인과 사회 전반에 걸쳐 장기적인 영향을 미칠 수 있다. 또 이러한 집단적 트라우마는 사회적 신뢰를 약화시키고, 사회적 연대를 손상시킬 수 있다. 팬데믹 동안 사람들은 서로를 잠재적인 위험 요소로 인식하게 되었고, 이는 사회적 거리두기와 같은 조치로 인해 강화되었다. 이러한 경험은 팬데믹 이후에도 사람들 사이의 신뢰를 회복하기 어렵게 만들며, 이는 사회적 불안정성을 초래할 수 있다.

이렇게 다양한 불안감을 낳은 코로나 팬데믹이라는 집단적 트라우마는 어떻게 극복할 수 있을까. 시간이 흘렀음에도 경제, 교육 등 다양한 분야에서 여전히 많은 영향을 미치는 이 현상은 장기적인 치유와 회복의 과정이 필요하다. 그러나 아직도 회복되지 않은 다양한 분야와 계층의 어려움에도 불구하고 마치 아무 일도 없었다는 듯 이 불안감을 외면하는 것은 오히려 역효과를 불러올 수 있다. 개인과 사회는 팬데믹 동안 경험한 불안과 트라우마를 인정하고, 이를 해결하기 위한 구체적인 방법을 모색해야 한다.

그러기 위해서는 **먼저 정신 건강에 대한 사회적 지원이 필요하다.** 팬데믹 동안 심리적 어려움을 겪은 사람들을 돕기 위해, 상담 서비스와 정신 건강 프로그램을 강화할 필요가 있다. 이는 개인들이 팬데믹으로 인한 불안과 트라우마를 극복하고, 정신적으로 회복할 수 있도록 돕는 데 중요한 역할을 한다.

둘째, 사회적 연대를 회복하는 것이 중요하다. 팬데믹 동안 약화된 사회적 신뢰를 회복하기 위해, 공동체의 역할을 강화하고, 사람들 간의 유대감을 재구축하는 노력이 필요하다. 이는 집단적 트라우마를 치유하고, 사회적 불안을 줄이는 데 기여한다.

셋째, 경제적 불안을 해소하기 위한 지원이 필요하다. 팬데믹으로 인해 심화된 경제적 불평등을 완화하고, 취약 계층을 지원하는 정책을 마련하는 것이 중요하다. 이는 팬데믹 이후의 경제적 안정성을 회복하고, 사회적 불안을 줄이는 데 중요한 역할을 한다.

코로나 팬데믹은 전 세계적으로 집단적 트라우마와 불안을 초래한 사건이다. 이로 인해 많은 사람들이 심리적, 경제적, 사회적으로 깊은 상처를 입었으며, 이러한 트라우마는 장기적인 영향을 미칠 가능성이 크다. 우리는 이 집단적 트라우마와 불안을 인정하고, 이를 극복하기 위한 노력을 기울여야 한다. 이를 통해 우리는 더 강하고, 더 회복력 있는 사회로 나아갈 수 있을 것이다.

자연재해와 집단 불안

자연재해는 사회 전체에 걸쳐 강력한 트라우마와 불안을 초래하는 사건 중 하나다. 지진, 홍수, 산불, 태풍 등과 같은 자연재해는 예측할 수 없고, 그 피해가 광범위하며, 삶의 기본적인 안정성을 위협한다. 이러한 재해는 개인의 생명과 재산에 직접적인 위협을 가할 뿐만 아니라, 공동체 전체에 걸쳐 깊은 심리적 영향을 미치며, 집단적 불안을 촉발한다. 자연재해로 인해 발생하는 불안은 장기적인 트라우마로 이어질 수 있으며, 이는 사회적, 경제적, 심리적 측면에서 다양한 영향을 미친다. 특히 자신이 직접 겪은 일이 아니라 하더라도 사회 전반적인 우울감이 증폭되면서 극심한 불안감에 시달리게 된다.

우선 자연재해가 발생하면 사람들은 생존의 위협에 직면하게 되며, 이는 즉각적인 불안을 유발한다. 예를 들어, 지진이나 태풍과 같은 갑작스러운 자연재해는 사람들에게 극도의 공포와 혼란을 안겨준다. 이러한 순간에는 생존 본능이 활성화되며, 사람들은 본능적으로 자신과 가족을 보호하려고 한다. 그러나 이 과정에서 경험하는 극도의 스트레스는 이후에 심각한 심리적 영향을 미칠 수 있다. 자연재해는 '인간이 통제할 수 없는 영역'이라는 명확한 인식이 작용하기 때문에, 사람들은 이 사실에서 무력감과 불안감을 느끼게 되고 재해 이후에도 이러한 감정이 지속될 수 있다. 예를 들어, 큰 지진을 겪은 사람들은 이후에도 작은 진동에 대한 극도의 불안을 느낄 수 있으며, 이는 심리적 외상 후 스트레스 장애PTSD로 이어질 수 있다.

이처럼 자연재해가 지나간 후에도 불안은 여전히 지속된다는 사실은 매우 중요하다. 재해로 인해 집을 잃거나, 가족과 친구를 잃는 등의 경험은 깊은 상실감과 불안을 남긴다. 피해자들은 자신의 일상과 삶의 터전을 잃어버린 상황에서 미래에 대한 불확실성과 두려움을 느끼며, 이는 장기적인 트라우마로 이어질 수 있다. 이와 함께, 재해 후 복구 과정에서 발생하는 불확실성과 사회적 지원의 부족도 불안을 증가시킨다. 재해 후 복구와 재건은 시간이 오래 걸리며, 이 과정에서 발생하는 경제적 부담과 사회적 지원의 부재는 사람들에게 추가적인 스트레스와 불안을 안겨준다. 피해자들은 정상적인 삶을 회복하기 위한 과정을 겪으면서, 다시는 이전의 상태로 돌아갈 수 없다는 불안을 느끼게 된다.

또한 재해 후의 집단적 불안은 공동체 전체에 영향을 미친다. 재해로 인해 많은 사람들이 동시에 고통을 겪으면서, 사회 전반에 걸쳐 불안과 공포가 확산된다. 이는 사회적 결속력을 약화시키고, 공동체 내에서의 신뢰를 저하시킬 수 있다. 사람들은 재해로 인해 자신이 속한 사회가 더 이상 안전하지 않다고 느끼며, 이러한 불안은 사회적 불안을 증폭시키는 원인이 된다.

최근 들어 급변하는 기후 역시 불안감을 증폭시키는 큰 요소로 작용하고 있다. 과거에 비해 기후 변화로 인한 자연재해의 빈도와 강도가 증가하면서, 이에 따른 불안도 커지고 있는 것이다. 기후 변화는 해수면 상승, 극단적인 날씨 패턴, 대규모 산불 등의 재해를 더욱 빈번하게 발생시키고 있으며, 이러한 변화는 사람들에게 미래에 대한 불확실성과 두려움을 안겨준다.

그렇다면 자연재해로 인한 집단적 트라우마와 그 불안감을 해소하기 위해 어떤 노력을 해야 할까. 2014년 세월호 참사 사건을 기억할 것이다. 그날의 일은 한국 사회에 깊은 트라우마를 남겼다. 참사 당시 희생자와 생존자들의 가족뿐 아니라 이를 목격한 국민 전체가 충격을 받았다. 특히 안산 지역은 피해 학생들이 대부분 거주하던 곳으로, 이곳 주민들은 함께 상실감을 겪으며 집단적 트라우마를 경험했다. 여전히 피해자 가족뿐 아니라 전 국민에게 이 사건은 커다란 충격으로 남아 있다. 하지만 안산시는 즉각적인 심리지원팀을 구성해 피해 학생과 가족들을 지원했고, 피해 학생들을 위한 학교 내 상담 프로그램을 운영하면서 가족의 심리치료와 상담을 지원했다. 그 외에도 희생자 추모 공간 마련과 지역 주민들의 애도를 돕는 치유 행사를 기획하면서 공동체 의식을 바탕으로 일상으로 돌아가기 위한 노력을 시작했다.

2017년 포항에서 발생한 대규모 지진을 기억할 것이다. 이 사고는 수많은 이재민을 발생시키며 주민뿐 아니라 전 국민에게 큰 충격을 안겨주었다. 피해 지역 주민들은 여진에 대한 불안감과 삶의 터전을 잃은 상실감으로 고통을 겪었다. 정부와 지자체는 긴급 구호와 함께 심리지원팀을 투입했다. 심리 상담 버스를 피해 지역으로 파견해 이동형 상담소를 운영했고, 추후 그 지역 주민들이 안게 될 불안감을 장기적으로 해소하기 위해 초등학생을 대상으로 한 '지진 그리기 워크숍'을 통해 감정 표현과 치유의 기회를 제공했다. 이뿐 아니라 지역 커뮤니티에서는 '재난 극복을 위한 토크 콘서트'

를 열어 주민들이 경험을 나누고, 서로를 지지할 수 있는 장을 마련하기도 했다. 이 과정에서 주민들은 함께 고통을 나누며 조금씩 트라우마를 극복하기 시작했다.

가장 최근 우리나라에서 일어난 큰 참사를 기억할 것이다. 2024년 12월 29일 오전 9시 3분경 제주항공 2216편이 태국 방콕 수완나품 공항에서 출발하여 대한민국 무안군에 위치한 무안국제공항에 착륙하는 과정에서 사고가 발생했다. 이 사고로 총 탑승자 181명 중 179명이 사망하였으며, 동체 후미에 탑승해 있던 승무원 2명만이 부상을 입고 생존했다. 지금도 여전히 이 사고로 인해 피해자뿐만 아니라 온 국민이 큰 충격을 받았다. 당시 구조 활동이 신속히 이루어지긴 했지만, 사고를 목격한 생존자와 공항 직원들은 심각한 심리적 트라우마를 경험했다. 이 사고 역시 사고 생존자와 구조대원을 위한 심리치료 프로그램을 즉시 제공해 심리적 안정을 위한 노력이 기울어졌다. 사고 원인을 규명하고, 항공 안전 관리 시스템을 강화하기 위한 조사와 대책이 마련됨은 물론, 피해자 가족을 대상으로 한 보상 및 지원 상담이 이루어졌다.

자연재해로 인한 사건, 사고는 전 국민에게 커다란 불안감을 안겨주며 트라우마로 자리 잡는다. 이를 극복하기 위해서는 앞서 이야기한 것처럼 사고 직후 긴급 심리지원팀을 구성해 현장에 투입되어야 하며, 이동형 심리상담소 운영하는 등으로 전문 상담사와 의료진으로 구성된 팀이 즉각적인 개입이 되어야 한다. 추후에는 온라인 플랫폼을 통해 상담과 심리 교육 콘텐츠를 보급하는 것도 방법이 될 수 있다.

또 커뮤니티 기반 치유 프로그램도 도움이 된다. 피해자와 지역 주민이 함께 참여하는 워크숍과 그룹 세션 운영을 한다든가 미술, 음악, 글쓰기 등 창의적 활동을 통한 감정 표현 지원하는 것도 방법이 될 수 있다. '기억의 날' 또는 추모 행사를 통해 상실감을 인정하고 서서히 치유를 촉진해나갈 수 있다.

트라우마는 마음에 박힌 못과 같아서 시간이 흐른다고 해서 괜찮아지지 않는다. 따라서 학교, 직장 등에서 트라우마 반응과 대처법에 대한 교육을 제공하고, 교사와 관리자 대상의 트라우마 지원 훈련 프로그램을 개발하는 것도 국가적 차원에서는 매우 중요하다. 또 오랜 시간이 흘러도 여전히 지속적인 불안감을 호소하는 사람들을 위해 장기적 지원 체계를 마련하는 것도 필요하다. 지속 가능한 상담 및 재활 프로그램을 구축하고, 정신 건강에 대한 장기 모니터링과 재난 기념비 또는 치유 공간을 조성하는 등의 노력을 할 수 있다. 이는 개인이나 지역에서 나아가 국가 단위의 협력을 통해 시도되어야 한다.

이러한 사례와 솔루션은 집단적 트라우마가 개인과 공동체에 미치는 영향을 줄이고, 회복 과정에서 상호 지지를 통해 더 강한 공동체를 만드는 데 기여할 수 있다.

불안과 창의성의
묘한 관계

"예술은 고요에서 태어나지 않는다. 혼란과 불안의 진동 속에서 피어나는 꽃이다."

● 칼 융

불안은 어떻게 창의성을 자극할까

불안은 일반적으로 회피하고 싶어 하는 부정적인 감정으로 여겨지지만, 역설적으로 이 감정이 창의성을 자극하는 중요한 역할을 할 수 있다. 불안은 인간의 심리와 감정에 깊은 영향을 미치며, 이러한 내적 갈등과 긴장은 예술적, 창의적 활동을 촉발하는 원동력이 될 수 있다. 불안이 창의성을 자극하는 방식은 복합적이며, 이는 불안이 인간 경험의 복잡성을 드러내고, 이를 창의적 표현으로 전환하는 과정에서 나타난다.

심리학자 **롤로 메이**Rollo May는 그의 저서 **《용기의 의미**The Courage to Create》에서 불안이 '창의성의 중요한 원동력'이라고 주장했다. 메이에 따르면, 불안은 새로운 상황이나 문제를 직면할 때 발생하며, 이때 사람들은 기존의 방식으로 문제를 해결할 수 없다는 것을 깨닫고, 창의적인 해결책을 모색하게 된다. 즉, 불안은 기존의 틀을 깨고, 새로운 길을 탐색하도록 자극하는 힘으로 작용한다.

이처럼 불안은 개인이 느끼는 심리적 긴장을 증폭시키며, 이로 인해 새로운 아이디어나 창의적 해법을 찾으려는 동기를 부여한다. 창의성은 종종 기존의 질서나 안정성에 도전하는 과정에서 발현되며, 불안은 이러한 도전을 촉진하는 감정적 상태를 제공한다. 불안은 개인이 자신의 현재 상태에 만족하지 않고, 새로운 가능성을 모색하도록 자극하는 역할을 한다.

불안은 또한 개인이 자신의 내면을 깊이 탐구하게 만드는 원동력이 될 수 있다. 불안은 불확실성과 무력감에서 비롯되며, 이는 개인이 자신의 감정과 욕구를 더 깊이 이해하고, 이를 표현하려는 욕구로 이어진다. 이러한 내면 탐구는 예술적 창작의 중요한 동기이며, 불안은 이를 통해 새로운 창의적 가능성을 발견하는 데 기여한다.

앞에서 살펴보았던 여러 예술가는 '불안'이라는 심리적 긴장을 탐구하고 표현함으로써 놀라운 통찰을 보여주는 작품들을 남겼다. 프란츠 카프카Franz Kafka는 그의 작품에서 끊임없는 불안과 내면적 갈등을 탐구했으며, 이를 통해 《변신》과 같은 독창적이고 강렬한 문학 작품을 창조했다. 카프카의 창의성은 그의 불안에서 비롯되었으며, 이는 그의 작품이 인간 경험의 복잡성과 불확실성을 탐구하는 데 중요한 역할을 했다.

    뭉크Edvard Munch 또한 대표작 《**절규**The Scream》를 통해 불안이 창의성의 원천이 될 수 있음을 잘 보여준다. 이 작품에서 뭉크는 인간이 느끼는 깊은 불안과 절망을 강렬한 색채와 왜곡된 형태를 통해 표현했다. 이처럼 불안은 예술가들에게 자신의 내면적 상태를 표현할 수 있는 독창적인 방식을 제공하며, 이를 통해 창의적 성취를 이루게 한다.

    또 불안은 인간이 혁신적 사고를 할 수 있도록 자극한다. 즉 불안은 기존의 관습이나 틀을 넘어서려는 혁신적 사고를 촉발할 수 있다. 우리는 안정적이지 않은 상태에서 불안을 느낀다. 인간은 이러한 불안감에 놓여 있기를 원하지 않기 때문에 새로운 가능성을 탐구하게 되고, 이를 통해 창의적 혁신이 가능해진다.

    스티브 잡스Steve Jobs는 "나의 불안과 완벽주의가 애플의 혁신적인 제품 개발에 기여했다."라고 말하기도 했다. 잡스는 현상 유지에 만족하지 않고, 항상 더 나은 것을 추구해야 한다는 불안을 가지고 있었으며, 이는 애플의 혁신적인 제품을 탄생시키는 데 중요한 역할을 했다. 잡스의 불안은 그로 하여금 기존의 틀을 깨고, 새로운 것을 창조하도록 자극했으며, 이는 그가 창의적 리더로서 성공할 수 있었던 이유 중 하나가 되었다.

    불안은 또한 예술과 창의적 작업에서 감정적 깊이를 더하는 역할을 할 수 있다. 예술가나 창작자는 불안을 통해 인간 경험의 복잡성과 깊이를 탐구하며, 이를 작품에 담아낸다. 불안은 단순히 표면적인 감정이 아니라, 인간 존재의 근본적인 불확실성과 무력감을 반영하며, 이를 통해 예술적 표현에 더 큰 깊이와 진정성을 부여한다.

버지니아 울프 Virginia Woolf는 그녀의 소설 **《자기만의 방**A Room of One's Own**》**에서 여성들이 창의적 자유를 누리기 위해서는 경제적, 사회적 독립이 필요하다고 주장하며, 불안이 이 과정에서 중요한 역할을 한다고 보았다. 울프의 작품은 불안을 창의적 표현으로 전환하는 과정을 보여주며, 이를 통해 독자들에게 감정적 깊이와 공감을 불러일으킨다.

살펴본 것처럼 불안과 창의성의 관계는 단순하지 않다. 불안이 창의성을 자극하는 경우가 많지만, 과도한 불안은 오히려 창의적 활동을 방해할 수 있다. 심리적 불안이 지나치게 강해지면, 이는 개인의 집중력을 저하시키고, 창의적 사고를 제한할 수 있다. 따라서 불안이 창의성을 자극하는 긍정적인 원동력으로 작용하기 위해서는, 적절한 수준에서 불안을 관리하는 것이 중요하다.

무엇보다 불안과 창의성의 관계를 이해하기 위해서는, 개인이 불안을 어떻게 인식하고 다룰 수 있는지를 알아야 한다. 분명 적당한 불안은 문제 해결과 새로운 아이디어를 탐구하도록 동기를 부여할 수 있다. 창의적 사고는 불안의 원인을 극복하려는 과정에서 활성화될 수 있기 때문이다. 만약 불안을 부정적으로만 인식하고 회피하려고 할 경우, 창의적 에너지를 발산하기 어려울 수 있다. 대신 불안을 자기 탐구와 성장의 기회로 인식하고, 이를 창의적 표현으로 전환한다면 이는 오히려 긍정적 에너지와 영감의 원천이 될 수 있다. 따라서 '불안'을 해소할 수 있는 자신만의 방법을 찾아 잘 관리하며 균형을 잡는 게 중요하다. 적절한 긴장 상태를 유지해 창의적 사고를 극대화하는 데 이용할 수도 있고, 적절한 조절을 통해 심리적 안정을 유지할 수도 있다. 명상, 운동, 심리치료 등은 과도한 불안을 조절하는 데 도움이 된다.

불안은 예술가들에게 깊은 영감의 원천이자, 그들의 작품 세계를 형성하는 중요한 요소로 작용해왔다. 많은 예술가들은 자신이 느끼는 내적 불안과 갈등을 창작의 동력으로 삼아, 독창적이고 강렬한 예술 작품을 만들어냈다. 불안은 그들에게 고통스러운 경험일 수 있지만, 동시에 이들은 불안을 통해 자신과 세상을 탐구하며, 이를 예술적 표현으로 승화시켜 왔다. 이 과정에서 예술가들의 불안은 그들의 작품 세계에 깊이 반영되었고, 불안이라는 감정이 어떻게 예술로 변모할 수 있는지를 보여주었다.

불안은 인간에게
어떤 긍정적 역할을 하는가

"불안은 때때로 삶을 바꾸는 질문으로 변한다."

● 염두연

경고 신호로서의 불안

'불안'이라는 단어는 떠올리는 즉시 부정적인 생각을 불러온다. 하지만 불안은 우리에게 잠재적 위험을 알려주고, 필요한 행동을 촉발하는 중요한 경고 신호다. 진화적 관점에서 불안은 생존에 필수적인 감정으로, 우리가 위험을 회피하거나 대처하도록 돕는다. 뇌과학적 이론과 연구는 불안이 어떻게 우리 뇌와 행동에 영향을 미치는지를 이해하는 데 중요한 통찰을 제공한다.

불안이 생겨나는 과정은 주로 뇌의 편도체amygdala에서 시작된다. 편도체는 뇌의 감정 처리에 중요한 역할을 하는 부분으로, 특히 공포와 불안을 담당한다. 위험 신호를 감지했을 때, 편도체는 즉각적으로 반응하여 신경계를 활성화시키고, 우리에게 그 위험에 맞서 싸우거나 도망칠 준비를 하게 한다. 이 반응은 일반적으로 '투쟁-도피fight-or-flight' 반응으로 알려져 있다. 이 과정에서 편도체는 다른 뇌 영역, 특히 시상하부hypothalamus와 뇌간brainstem과 상호작용하여 스트레스 호르몬인 코르티솔cortisol과 아드레날린adrenaline을 분비하도록 한다. 이 호르몬들은 심장 박동을 빠르게 하고, 근육에 더 많은 혈액을 공급하여 즉각적인 행동을 촉진한다. 이는 진화적으로 인간이 포식자나 다른 위험 요소로부터 살아남을 수 있도록 돕는 중요한 생존 메커니즘이다.

이처럼 불안은 생존 본능과 깊이 연결되어 있으며, 우리가 예상치 못한 위험에 직면했을 때 신속히 대응하도록 만든다. 예를 들어, 어두운 골목길에서 이상한 소리를 들었을 때 우리는 불안을 느끼며, 그 상황에서 벗어나거나 대처하는 방법을 찾게 된다. 이러한 경고 신호로서의 불안은 우리를 위험으로부터 보호하는 중요한 역할을 한다. 또 다른 예로, 중요한 시험을 앞두고 불안을 느끼는 학생이 있다고 하자. 학생이 느끼는 불안은 긴장감으로 작용해 공부에 더 집중하도록 자극할 수 있다. 이때의 불안은 단순한 스트레스가 아니라, 준비가 부족할 때 시험에서 실패할 가능성이 있음을 알려주는 신호이다. 학생은 이 불안을 통해 공부 시간을 늘리고, 더 철저하게 준비할 동기를 얻게 된다. 또 직장에서 중요한 발표를 앞둔 상황에서도 불안은 경고 신호로 작용한다. 발표에 대한 불안은 발표 내용을 더 철저히 검토하고, 예상 질문에 대비하며, 리허설을 반복하게 만든다. 이러한 불안은 단순히 우리를 괴롭히는 감정이 아니라, 발표가 실패할 가능성을 줄이고, 성공할 확률을 높이는 중요한 자극이 된다.

이와 같은 일상의 사례들은 불안이 어떻게 우리가 목표를 달성하고 위험을 피할 수 있도록 돕는지를 잘 보여준다. 불안은 우리가 현재의 상태를 재평가하고, 필요한 조치를 취하도록 만드는 강력한 경고 신호로 작용한다. 이처럼 불안이 경고 신호로 작용한다는 사실을 이해하는 것은 불안을 긍정적으로 활용하는 데 중요한 역할을 한다. 불안을 피하려고만 할 것이 아니라, 이를 통해 자신이 놓친 위험 요소를 인식하고, 더 나은 준비를 할 수 있는 기회로 삼아야 한다. 불안을 성찰과 성장의 도구로 활용하는 것은 불안이 주는 경고 신호를 효과적으로 사용하는 방법이다.

자기 성찰을 촉진하는 불안

뇌과학적 연구에 따르면, 불안은 또한 감정적 학습과 자기 성찰을 촉진하는 역할을 한다. 전두엽prefrontal cortex은 불안이 발생했을 때 중요한 역할을 하는 뇌의 부분으로, 이 영역은 복잡한 의사결정, 감정 조절, 문제 해결을 담당한다. 불안이 생겨나면, 전두엽은 이 감정을 분석하고, 그 원인을 파악하며, 어떻게 대응할지를 결정한다. 이는 불안이 단순히 감정적 반응으로 끝나는 것이 아니라, 우리 삶에 긍정적인 변화를 가져오는 계기가 될 수 있음을 의미한다.

불안을 통해 우리는 자신이 처한 상황을 더 깊이 이해하게 되며, 이를 바탕으로 더 나은 선택을 할 수 있다. 예를 들어, 지속적으로 불안을 느끼는 사람은 그 불안의 원인을 찾아내기 위해 자신의 행동이나 환경을 돌아보게 된다. 이 과정에서 그들은 불안을 유발하는 요인을 제거하거나 변화시킬 방법을 찾게 되며, 이는 궁극적으로 삶의 질을 향상시키는 데 기여할 수 있다.

심리학자 다니엘 카네만Daniel Kahneman은 자신의 연구를 통해 사람들이 불확실한 상황에서 결정을 내릴 때, 불안이 그 결정에 중요한 영향을 미친다고 주장했다. 불안은 사람들이 가능한 위험을 신중하게 고려하도록 만들어, 더 나은 결정을 내릴 수 있게 돕는다는 것이다.

창의적 문제 해결을 돕는 불안

불안은 창의적 문제 해결에도 중요한 역할을 한다. 불안이 생기면, 뇌는 기존의 틀에 얽매이지 않고 새로운 방식을 모색하게 된다. 불안은 현재의 문제를 해결할 기존의 방식이 충분하지 않다는 신호로 작용하며, 이를 통해 창의적인 해결책을 탐구하게 만든다. 이 과정에서 불안은 뇌의 도파민 시스템dopamine system을 자극하여, 새로운 아이디어와 접근 방식을 촉진한다. 리처드 워너Richard Warner와 같은 신경과학자들은 불안이 도파민 분비를 증가시켜 창의성을 자극할 수 있음을 보여주는 연구를 진행했다. 도파민은 뇌에서 보상과 동기 부여를 담당하는 신경전달물질로, 창의적 사고와 문제 해결 과정에서 중요한 역할을 한다. 불안이 도파민 시스템을 활성화함으로써, 우리는 더 혁신적인 생각을 하고, 문제를 다르게 접근할 수 있게 된다.

이와 같은 뇌과학적 기전은 불안이 단순한 스트레스 요인이 아니라, 창의적 발상을 촉진하는 중요한 요소임을 시사한다. 불안은 우리의 사고를 자극하고, 새로운 방법을 찾도록 만들며, 이를 통해 문제 해결에 기여한다.

불안은 우리 뇌의 생존 메커니즘에서 비롯된 중요한 경고 신호로, 이를 통해 우리는 잠재적 위험에 대응하고, 더 나은 결정을 내릴 수 있다. 뇌과학적 이론과 연구는 불안이 어떻게 뇌의 다양한 영역과 상호작용하며, 우리의 행동과 사고를 자극하는지를 보여준다. 불안은 우리가 현재의 상황을 재평가하고, 성찰과 창의적 문제 해결을 촉진하는 역할을 한다. 불안을 긍정적인 경고 신호로 받아들이고, 이를 통해 더 나은 삶의 선택을 할 수 있을 때, 우리는 불안을 단순한 부정적인 감정이 아닌, 성장과 발전의 도구로 활용할 수 있다. 뇌과학적 이해를 바탕으로 불안을 관리하고, 이를 성찰과 변화의 원동력으로 삼는 것은, 현대인의 삶에서 불안과 건강하게 공존하는 중요한 방법이다.

불안을 성찰의 도구로 활용하기

불안은 많은 사람들에게 고통스러운 감정으로 다가오지만, 이 감정을 피하려고 하기보다는 성찰의 도구로 활용할 수 있다면 어떻게 될까. 아마도 불안은 우리 삶에 긍정적인 변화를 가져올 수 있는 중요한 자원이 될 수 있을 것이다. 불안은 우리가 자신과 주변을 더 깊이 이해하고 성장을 촉진하는 계기가 될 수 있다.

불안을 성찰의 도구로 활용하기 위해서는 가장 먼저 이 감정을 있는 그대로 받아들이는 것이 중요하다. 불안은 우리의 내면에서 발생하는 중요한 신호이며, 이를 억누르거나 회피하기보다는 그 감정에 주의를 기울여야 한다. 불안이 나타날 때, 우리는 그 감정이 무엇을 의미하는지 탐구할 필요가 있다.

정신분석학자 칼 융Carl Jung은 불안을 '우리의 그림자self's shadow'라고 표현하며, 이는 우리가 억눌러온 감정이나 욕구가 불안으로 드러난 것이라고 설명했다. 융에 따르면, 불안을 통해 우리는 자신이 무의식적으로 억압해왔던 부분을 이해할 수 있는 기회를 얻게 된다. 이 과정에서 우리는 자신의 참된 욕구와 감정을 인식하고, 그것을 긍정적으로 표현하는 방법을 배울 수 있다.

예를 들어, 직장에서 느끼는 불안은 단순히 업무의 부담 때문일 수도 있지만, 더 깊이 들어가 보면 자신의 직업 선택이나 커리어 방향에 대한 근본적인 불만이나 의문에서 비롯될 수 있다. 이 불안을 통해 우리는 자신의 진정한 욕구가 무엇인지, 무엇이 우리를 더 행복하고 만족스럽게 만들 수 있는지를 탐구하게 된다.

오래전 상담했던 20대 사회 초년생인 승현 씨는 명문대를 졸업한 후 곧바로 대기업에 취직했다. 부모님과 친구들 모두 그의 탄탄

대로를 축하했지만, 그는 늘 마음 한구석이 허전했다. 그리고 회사 생활을 지속하면서 경쟁문화와 야근에 지쳐가며 점점 불안감을 느끼기 시작했다. 그러면서 동시에 '대체 내가 뭘 해야 이 허전함을 채울 수 있을까?' '내가 한 선택은 과연 나의 진정한 행복을 위한 선택일까?' 하는 의문이 들었다. 승현 씨는 자신의 불안감을 통해 스스로 질문할 수 있었고, 그에 대한 답 또한 매우 적극적으로 찾아가기 시작했다.

승현 씨는 어릴 적부터 자신만의 빵집을 운영하며 사람들과 소소한 행복을 공유하는 게 꿈이었다는 사실을 떠올릴 수 있었다. 내면 깊은 곳에 있던 자신의 욕구와 마주한 그는 모든 사람들의 만류에도 불구하고 과감하게 6년간의 회사생활을 접고 학원에 다니기 시작했다. '남이 바라는 성공'을 좇지 않고 자기 내면의 목소리를 좇기로 한 것이다. 흔들리지 않고 꾸준히 자신이 원하는 길로 나아간 승현 씨는 지역 사회의 도움을 받아 작은 빵집을 열었고, 그곳은 현재 사람들에게 따뜻함을 주는 공간으로 자리 잡게 되었다. 자신의 선택에 만족할 뿐 아니라 불안에 대처하는 지혜로운 방법을 터득해 더욱 성장하는 삶을 영위해가고 있다.

이처럼 불안을 성찰의 도구로 활용하는 것은 우리가 자신을 더 잘 이해하고, 더 나은 삶의 방향을 설정하는 데 중요한 역할을 한다. 불안은 우리에게 현재의 상황을 재평가할 기회를 제공하며, 이를 통해 우리는 더 의미 있는 삶을 추구할 수 있다.

불안은 우리가 성장하는 촉진제가 될 수 있다

승현 씨 사례처럼 불안을 성찰의 도구로 활용하는 것은 단순히 현재의 문제를 이해하는 데 그치지 않고, 이를 성장의 촉진제로 삼는 데까지 나아가야 한다. 불안은 우리에게 변화와 발전이 필요하다는 신호일 수 있으며, 이를 통해 우리는 새로운 기회를 모색하고, 더 나은 자신이 되기 위한 노력을 기울일 수 있다. 불안을 성장의 기회로 삼기 위해서는 먼저 그 불안의 원인을 정확히 파악하고, 이를 해결하기 위한 구체적인 계획을 세워야 한다. 새로운 도전에 대한 불안은 우리가 자신의 능력을 의심하기 때문일 수 있지만, 이를 통해 우리는 더 많은 지식과 경험을 쌓기 위해 노력할 동기를 얻게 된다. 이 과정에서 우리는 자신의 한계를 극복하고, 더 큰 성취를 이룰 수 있게 된다.

불안을 극복하기 위한
심리 치료법

"당신의 불안은 당신을 해치려는 것이 아니라, 당신을 다시 만날 기회를 주는 것이다."

● 타라 브랙

인지행동치료는 어떤 효과가 있을까

불안은 삶의 여러 측면에서 장애물이 될 수 있으며, 이를 극복하기 위해 다양한 심리 치료법이 개발되었다. 그중에서도 인지행동치료Cognitive Behavioral Therapy, CBT는 불안을 효과적으로 관리하고 극복하는 데 널리 사용되는 방법이다. 인지행동치료CBT는 불안의 근본적인 원인을 이해하고, 이를 개선하기 위한 구체적인 전략을 제공하는 치료법으로, 심리학적 연구와 임상적 사례를 통해 그 효과가 입증되었다. 앞에서도 한번 언급했으나 이번 장에서 좀 더 자세히 살펴보려고 한다.

인지행동치료CBT는 우리의 생각인지과 행동이 감정에 큰 영향을 미친다는 이론에 기초한다. 불안은 종종 비합리적이거나 왜곡된 생각에서 비롯되며, 이러한 생각이 반복되면서 더욱 강화된다. 인지행동치료CBT는 이러한 비합리적인 인지 패턴을 인식하고, 그것을 더 현실적이고 긍정적인 생각으로 대체함으로써 불안을 줄이는 것을 목표로 한다. 인지행동치료CBT는 다음과 같은 원리를 중심으로 작동한다.

❶ **비합리적인 사고의 식별** | 치료자는 내담자가 불안을 느끼게 하는 비합리적이고 왜곡된 사고 패턴을 인식하도록 돕는다. 예를 들어, "내가 이 일을 실패하면 모든 것이 끝이야."와 같은 흑백논리적 사고는 불안을 증폭시킬 수 있다.

❷ **인지 재구조화** Cognitive Restructuring | 내담자는 이러한 비합리적인 생각을 현실적이고 균형 잡힌 사고로 바꾸는 연습을 하게 된다. "내가 실패해도 다음 기회가 있을 거야."와 같은 새로운 사고 패턴을 통해 불안을 줄이고, 더 긍정적인 감정을 유도할 수 있다.

❸ **노출 치료** Exposure Therapy | CBT의 중요한 요소 중 하나는 불안의 원인이 되는 상황에 점진적으로 노출시키는 것이다. 예를 들어, 대인기피증을 가진 사람은 점차적으로 사회적 상황에 노출되면서 그에 대한 두려움을 극복하도록 돕는다. 이를 통해 두려움의 대상이 실제로는 위협적이지 않다는 것을 체험하게 된다.

❹ **행동 활성화** Behavioral Activation | 내담자는 긍정적인 행동을 통해 불안을 줄이고, 삶의 질을 향상시키는 방법을 배운다. 예를 들어, 규칙적인 운동, 사회적 활동에 참여하기, 또는 일상적인 목표 설정과 같은 행동이 불안을 완화하는 데 도움이 된다.

먼저, 인지행동치료CBT의 효과는 뇌과학적 연구를 통해서도 입증되고 있다. 인지행동치료CBT는 뇌의 구조와 기능에 실질적인 변화를 일으킬 수 있으며, 특히 불안과 관련된 뇌 영역에 긍정적인 영향을 미친다. 뇌과학 연구는 인지행동치료CBT가 불안을 경험하는 동안 활성화되는 편도체amygdala의 과도한 반응을 줄이고, 전두엽 prefrontal cortex의 활동을 증가시켜 더 효과적인 감정 조절을 가능하게 한다는 것을 보여준다.

예를 들어, 기능적 자기공명영상fMRI 연구에서는 인지행동치료CBT가 불안 장애를 가진 환자의 뇌에서 과도하게 활성화된 편도체의 반응을 억제하고, 전두엽의 활성화를 촉진하여 더 나은 감정 조절과 불안 관리 능력을 제공한다는 결과가 나타났다. 전두엽은 합리적 사고와 의사결정을 담당하는 영역으로, 불안에 대한 인지적 평가와 재구조화 과정에서 중요한 역할을 한다. 인지행동치료CBT를 받은 환자들은 치료 전과 비교해 불안을 유발하는 자극에 대한 뇌의 반응이 현저히 감소했으며, 이는 장기적인 불안 감소와 삶의 질 향상으로 이어졌다. 이러한 뇌과학적 증거는 인지행동치료CBT가 단지 행동이나 사고 패턴의 변화를 유도하는 것뿐만 아니라, 뇌의 구조적 및 기능적 변화를 통해 불안을 근본적으로 줄일 수 있음을 시사한다.

인지행동치료CBT는 실제로 불안 장애를 가진 사람들에게 매우 효과적인 치료법으로 알려져 있는데, 다양한 연구와 임상 실험에서 인지행동치료CBT가 불안 증상을 완화하고, 재발을 방지하는 데 큰 효과가 있다는 결과가 반복적으로 나타났다. 불안 장애 외에도, 공황장애, 사회 공포증, 강박 장애, 외상 후 스트레스 장애PTSD 등 다양한 정신 건강 문제에 인지행동치료CBT가 효과적으로 적용되고 있다.

한 예로, 현대인들에게 자주 나타나는 공황장애의 경우, 심각한 공황 발작을 경험한 환자는 외부 활동을 두려워하며 점점 더 고립되게 된다. 한 공황장애 환자에게 인지행동치료CBT를 적용하자, 그는 자신의 공황 발작에 대한 비합리적인 생각(예: '공황 발작이 오면 나는 죽을 거야.')을 인식하게 되었고, 치료 과정에서 이러한 생각을 '공황 발작은 불쾌하지만, 생명을 위협하지는 않아.'라는 현실적인 사고로 바꿀 수 있었다. 또 점진적으로 외부 활동에 노출되며, 공황 발작이 실제로 치명적이지 않다는 것을 체험했다. 이 과정에서 그는 공황 발작의 빈도가 크게 감소했고 일상으로의 복귀가 가능해졌다.

사람들 앞에서 말하는 것을 두려워 '사회공포증'을 가진 한 여성의 사례도 살펴보자. 그녀는 공개 발표나 사회적 모임을 있을 때마다 극도의 불안을 느꼈다. 인지행동치료CBT를 하는 과정에서 그는 자신이 그런 상황에 다칠 때마다 '나는 반드시 실수할 거야.'라는 비합리적인 믿음이 있다는 것을 알게 되었다. 그녀는 이를 '모두가 항상 완벽하게 말하는 것은 아니며, 실수는 자연스러운 일이다.'라는 현실적인 생각으로 대체했고, 치료 중 발표 연습과 같은 단계적 노출을 통해 사회적 상황에서 점점 더 자신감을 회복했다. 치료 후 그녀는 더 이상 사회적 상황을 회피하지 않고, 자신 있게 사람들 앞에서 말할 수 있게 되었다.

인지행동치료CBT는 불안 극복에 매우 효과적이지만, 모든 사람에게 동일한 효과를 보장하지는 않는다. 인지행동치료CBT의 주요 장점은 관리법이 구조화되어 있고, 단기적이면서도 실질적인 결과를 제공한다는 점이다. 내담자들은 비교적 짧은 시간 내에 불안 증상 완화를 경험할 수 있으며, 치유가 끝난 후에도 배운 기술을 지속적으로 적용할 수 있다. 또한, 인지행동치료CBT는 약물치료와 병행하여 사용할 수 있으며, 약물치료를 중단한 이후에도 불안이 재발하지 않도록 돕는 역할을 한다.

그러나 인지행동치료CBT는 내담자가 적극적으로 참여해야 효과가 극대화되며, 자기 성찰과 행동 변화를 위해 일정한 노력이 필요하다. 또 심리적 문제의 복잡성과 깊이에 따라 그 효과가 제한적일 수 있다. 심한 우울증이나 과거의 심각한 트라우마를 가진 내담자의 경우, 인지행동치료CBT와 함께 다른 형태의 심리치료나 약물치료가 병행되어야 할 수도 있다.

인지행동치료CBT는 불안을 극복하는 데 매우 효과적인 심리치료법으로, 비합리적인 사고 패턴을 현실적이고 긍정적인 사고로 전환하는 데 중점을 둔다. 뇌과학적 연구는 인지행동치료CBT가 뇌의 구조와 기능에 긍정적인 변화를 일으켜 불안을 감소시키는 데 도움을 준다는 것을 입증하고 있다. 인지행동치료CBT는 불안을 관리하고 극복하는 데 있어 실질적이고 구체적인 전략을 제공하며, 이를 통해 환자들은 더 나은 삶의 질을 누릴 수 있다. 인지행동치료CBT는 불안을 단순히 억누르는 것이 아니라, 불안을 일으키는 근본적인 원인과 비합리적인 사고 패턴을 해결하는 데 중점을 둔다. 이를 통해 환자들은 불안을 효과적으로 극복하고, 더 나은 감정 조절 능력을 갖추게 된다. 궁극적으로 인지행동치료CBT는 불안과 건강하게 공존하며, 불안을 극복할 수 있는 강력한 도구가 될 수 있다.

🎯 불안의 인지치료를 위한 행동 지침과 실천 TIP

인지치료Cognitive Therapy는 왜곡된 사고와 부정적인 신념을 바꾸어 불안의 원인을 다루는 데 중점을 둔다. 인지치료는 실질적이고 행동 중심적인 접근을 통해 불안을 완화하고, 개인이 더 건강한 사고 패턴을 형성하도록 돕는다. 아래는 불안을 다룰 때 활용할 수 있는 구체적인 행동 지침과 실천 팁이다.

불안을 기록하라

행동 지침 | 불안이 발생했을 때, 그 순간의 생각과 감정을 기록한다. 구체적으로 무엇이 불안을 유발했는지, 어떤 감정을 느꼈

는지 적는다.

TIP | 하루 5~10분 시간을 내어 '불안 일기'를 작성한다.

㉠ '내일 발표 준비가 부족하다는 생각이 들었다. 두려움과 긴장감을 느꼈다.'

사고를 현실적으로 점검하라

행동 지침 | 부정적인 사고가 들었을 때, 그것이 사실인지 점검한다. 과장되거나 근거 없는 생각을 객관적으로 분석한다.

TIP | '증거가 있는가?' '내가 놓치고 있는 점은 없는가?' 같은 질문을 스스로 해본다.

㉠ '발표에서 실수할 거야.' → '이전에 발표를 잘했던 경험이 있잖아. 열심히 준비했으니 괜찮을 거야.'

불안을 유발하는 생각에 도전하라

행동 지침 | 자신에게 반복적으로 떠오르는 비합리적인 신념이나 생각을 찾아내고, 그것을 대체할 긍정적이고 현실적인 생각을 개발한다.

TIP | '사고 도전 시트'를 활용하여 부정적 생각과 대안을 비교한다.

㉠ '다음에 잘 못하면 끝이야.' → '다음에는 더 나아질 수 있어.'

노출 훈련을 시도하라

행동 지침 | 불안의 원인이 되는 상황이나 자극에 점진적으로 노출되어 두려움을 줄인다.

TIP | 불안을 느끼는 상황을 작은 단계로 나누어 노출 계획을 세운다.

예 발표 공포 → 혼자 연습 → 친구 앞에서 발표 → 소규모 그룹 발표 → 대규모 발표.

긍정적인 자기 대화를 연습하라

행동 지침 | 스스로를 격려하고 안심시키는 문장을 반복하여 불안을 완화한다.

TIP | 매일 아침 거울을 보며 긍정적 문장을 말하는 습관을 들인다.

예 "나는 지금 최선을 다하고 있다." "모든 것이 완벽하지 않아도 괜찮다."

긴장을 완화하는 호흡법과 이완법을 활용하라

행동 지침 | 불안할 때 깊고 규칙적인 호흡과 이완 운동으로 신체적 긴장을 풀어준다.

> **TIP** | 요가, 명상, 근육 이완 운동을 일상에 포함시킨다.
>
> **예** 4-7-8 호흡법(4초간 숨을 들이마시고, 7초 동안 멈추었다가, 8초간 천천히 내쉬는 호흡법)을 시도한다.
>
> **생활 습관을 점검하라**
>
> **행동 지침** | 건강한 식습관과 규칙적인 수면, 운동을 통해 신체적 건강을 유지한다.
>
> **예** 카페인 섭취를 줄이고, 일정한 시간에 잠자리에 든다. 또 매일 30분 이상 걷거나 가벼운 운동을 한다.

명상과 마음 챙김의 역할

불안을 극복하고 관리하는 데 있어 명상과 마음챙김Mindfulness은 점점 더 중요한 역할을 하고 있다. 이 두 가지 방법은 현대 심리학과 뇌과학에서 그 효과가 입증되었으며, 불안을 줄이고 정신적, 정서적 안정을 찾는 데 유용한 도구로 사용된다. 명상과 마음챙김은 단순히 스트레스를 해소하는 것 이상의 역할을 하며, 내면의 평화를 찾고, 불안과 함께 건강하게 공존할 수 있는 방법을 제공한다.

명상과 마음챙김은 마음을 현재 순간에 집중시키고, 불필요한 생각이나 감정의 흐름을 가라앉히는 데 중점을 둔다. 명상은 다양한 형태가 있지만, 일반적으로 호흡, 신체 감각, 또는 특정한 이미지에 집중하는 것을 통해 마음을 안정시키는 방법이다. 마음챙김은 현재의 순간을 있는 그대로 받아들이며, 판단 없이 관찰하는 태도를 기르는 데 중점을 둔다. 마음챙김의 핵심은 현재 순간에 집중하는 것이다. 불안은 종종 미래에 대한 걱정이나 과거에 대한 후회에서 비롯되기 때문에, 현재에 집중하는 마음챙김은 이러한 불필요한 걱정에서 벗어나도록 돕는다. 마음챙김을 통해 우리는 불안을 일으키는 생각이나 감정의 흐름을 인식하고, 그것에 휘둘리지 않고 그저 관찰할 수 있는 능력을 기른다.

명상과 마음챙김이 불안을 줄이는 데 어떻게 작용하는지를 이해하기 위해, 뇌과학적 관점에서 그 효과를 살펴볼 수 있다. 명상과 마음챙김은 뇌의 특정 영역에서 중요한 변화를 일으킨다. 정신의학자 리처드 데이비드슨Richard Davidson은 명상 훈련을 받은 사람들이 편도체의 반응성이 낮아지고, 전두엽의 기능이 강화되었음을 발견했다. 이러한 변화는 명상이 단순히 마음을 차분하게 하는 것 이상의 뇌 구조적 변화를 유도하여, 불안과 스트레스를 더 효과적으로 다룰 수 있게 만든다는 것을 시사한다.

❶ **편도체amygdala의 활동 감소** | 명상과 마음챙김은 불안과 관련된 뇌 영역인 편도체의 과도한 활동을 줄이는 데 효과적이다. 편도체는 공포와 불안에 반응하여 활성화되는데, 명상과 마음챙김은 이 반응을 억제하고, 편도체의 크기를 줄이는 데 기여할 수 있다. 이는 우리가 불안감을 덜 느끼고, 더 평온한 상태를 유지할 수 있도록 돕는다.

❷ **전두엽prefrontal cortex의 활성화** | 명상과 마음챙김은 전두엽의 활동을 촉진한다. 전두엽은 감정 조절, 의사결정, 자기통제와 같은 고차원적인 인지 기능을 담당하는데, 이 영역의 활성화는 불안에 대한 우리의 반응을 더 잘 관리할 수 있도록 돕는다. 전두엽이 활성화되면, 우리는 불안감을 더 합리적이고 차분하게 다룰 수 있게 된다.

❸ **기본 모드 네트워크Default Mode Network, DMN 억제** | 기본 모드 네트워크는 우리가 아무것도 하지 않을 때 활성화되는 뇌의 네트워크로, 자아 성찰, 걱정, 반추와 같은 활동에 관여한다. 명상과 마음챙김은 DMN의 활동을 억제하여, 불안과 같은 부정적인 사고 패턴에서 벗어나도록 돕는다. 이는 우리가 현재 순간에 집중하고, 불필요한 생각의 흐름을 줄이는 데 도움을 준다.

명상과 마음챙김은 불안 장애, 우울증, 스트레스와 같은 다양한 정신 건강 문제에 대해 실질적인 효과를 보인다. 이 두 가지 방법은 내담자들이 현재 순간에 집중하고, 불안을 일으키는 생각과 감정을 현재에 집중하는 능력을 기르도록 돕는다.

불안 장애를 가진 사람은 미래에 대한 지나친 걱정과 반복적인 부정적 사고 패턴으로 고통받는다. 명상과 마음챙김을 통해 이들은 자신의 생각과 감정을 있는 그대로 받아들이고, 판단하지 않으며 그저 관찰하는 연습을 한다. 이러한 과정에서 불안을 유발하는 생각의 흐름에서 벗어나게 되고, 점차 불안의 강도와 빈도가 감소한다. 또 일상생활에서 지속적으로 스트레스를 받는 사람들은 명상과 마음챙김을 통해 스트레스와 불안을 더 잘 관리할 수 있다. 예를 들어, 직장에서의 압박감을 느끼는 사람은 마음챙김을 통해 현재의 업무에 집중하고, 미래에 대한 불필요한 걱정을 줄일 수 있다. 이는 일의 효율성을 높이고, 정신적, 정서적 안정을 찾는 데 기여한다. 대학병원에서 응급환자를 살리는 일을 하는 한 간호사는 정작 일로 인해 긴 시간 받아온 자신의 고통을 알아차리지 못했다. 날마다 죽음을 간접적으로 경험하며 깊은 불안감에 시달리던 그녀는 어느 날 번아웃으로 우울감에 빠지게 된다. 자신이 진심으로 사랑했던 일에 대한 소명의식도 잊어버린 채 우울해하던 그녀는 지인의 도움으로 명상과 마음챙김을 시작하게 되었고, 몇 년 동안 지속적으로 이 과정에 임한 결과 현재는 일에 대한 보람과 기쁨을 회복했다. 이후 글쓰기를 통해 명상과 마음챙김이 자신의 불안을 어떻게 치유했는지에 대해 구체적으로 적었고 이를 책으로 펴내는 감동적인 순간을 맞이하기도 했다.

이렇게 명상과 마음챙김의 효과를 극대화하려면 이를 일상생활에 통합하는 것이 중요하다. 짧은 시간이라도 규칙적으로 명상하거나 마음챙김을 실천하면 불안에 대한 회복력을 강화할 수 있다. 다음은 명상과 마음챙김을 일상에서 실천하는 몇 가지 방법이다.

매일 일정한 시간 명상하기

하루에 10~20분 정도의 시간을 정해 명상하는 습관을 들인다. 조용한 장소에서 편안한 자세로 앉아 호흡에 집중하거나, 특정한 이미지나 소리에 집중하며 마음을 차분하게 한다.

마음챙김 호흡을 순간순간 생활화하기

일상 중 불안을 느낄 때, 마음챙김 호흡을 통해 현재 순간에 집중한다. 천천히, 깊게 숨을 들이마시고 내쉬며, 호흡의 리듬에 집중한다. 이 과정에서 현재의 감각에만 집중하며, 생각이나 감정이 떠오르면 그냥 자연스럽게 흘려보낸다.

마음챙김 걷기

마음챙김 걷기도 긴장을 풀어주는 강력한 도구다. 걷는 동안 발걸음 하나하나에 주의를 기울이며 걷는 것은 불안을 줄이는 데 매우 효과적이다. 주변의 소리, 바람, 햇살 등 감각에 집중하며 걷는 것은 일상의 긴장을 완화하고, 현재 순간에 머무는 연습을 돕는다.

내면과 소통하는 마음챙김 일기 쓰기

마음챙김 일기도 불안과 함께 성장하기 위한 좋은 도구다. 하루를 마무리하며 그날의 경험과 감정에 대해 마음챙김 일기를 쓴다. 그날 느꼈던 불안이나 스트레스를 관찰하고, 그 감정을 판단 없이 기록하는 것이다. 이 과정은 내면의 감정을 더 잘 이해하고, 불안과 스트레스를 더 효과적으로 다루는 데 도움을 줄 수 있다.

명상과 마음챙김은 불안을 줄이고 정신적, 정서적 안정을 찾는 데 강력한 도구로 작용한다. 뇌과학적 연구는 명상과 마음챙김이 뇌의 구조적 및 기능적 변화를 촉진하여, 불안과 스트레스에 대한 회복력을 강화할 수 있음을 보여준다. 일상에서 명상과 마음챙김을 실천함으로써 우리는 불안을 더 잘 관리하고, 내면의 평화를 찾을 수 있다.

종교는 어떻게
불안과 공존하는 힘을 줄까

"신앙은 불안한 존재가 의지하는 마지막 쉼터다."

● 폴 틸리히

영적 접근을 통한 내면의 평화 찾기

불안은 인간이 직면하는 가장 깊고 보편적인 감정 중 하나이며, 그 뿌리는 종종 삶의 의미와 목적, 그리고 죽음과 같은 존재적 질문과 연결된다. 이러한 근본적인 불안을 다루기 위해, 많은 사람들이 영적 접근을 통해 내면의 평화를 찾고자 한다. 영성 훈련은 개인이 자신을 초월하는 존재와의 연결을 통해 불안을 해소하고, 더 깊은 평화와 안정감을 느끼도록 돕는 방법이다.

인간의 불안은 종종 삶의 의미, 목적, 그리고 죽음에 대한 두려움과 같은 존재적 질문에서 비롯된다. 존재적 불안existential anxiety은 우리가 삶의 의미를 찾지 못하거나, 우리의 존재가 무의미하다고 느낄 때 발생할 수 있다. 이러한 불안은 일시적인 스트레스나 두려움과는 달리, 삶 전체에 걸쳐 지속될 수 있는 깊은 불안감이다.

심리학자 롤로 메이Rollo May는 존재적 불안이 인간의 근본적인 조건에서 비롯된다고 보았다. 그는 불안이 단지 부정적인 감정이 아니라, 우리에게 삶의 진정한 의미를 탐구하게 하는 중요한 자극이라고 주장했다. 그러나 이러한 불안이 너무 강하거나 지속될 경우, 이는 심리적 고통으로 이어질 수 있다. 이러한 불안을 다루기 위해, 사람들은 종종 자신을 초월하는 어떤 영적 존재나 힘과의 연결을 찾는다. 영성spirituality은 인간이 자기 초월적 존재와의 관계를 통해 자신의 삶을 더 넓은 맥락에서 이해하고, 불안에 대한 새로운 시각을 가지게 만드는 중요한 역할을 한다.

특히 영성 훈련spiritual practice은 개인이 자신의 영적 여정을 통해 내면의 평화를 찾는 데 도움을 주는 다양한 방법을 포함한다. 이는 종교적 신앙뿐만 아니라, 명상, 기도, 자연과의 연결, 그리고 자기 성찰을 포함하는 넓은 범위의 실천을 의미한다. 영성 훈련의 핵심은 내면의 깊은 평화를 찾고, 불안을 보다 넓은 관점에서 이해하며, 삶의 의미와 목적을 발견하는 데 있다. 이를 하나씩 풀어 설명해보면, 기도와 명상의 경우 많은 종교 전통에서 이를 영성 훈련의 중요한 요소로 여긴다. 기도는 자신을 초월하는 존재와의 대화로, 자신의 걱정과 불안을 내려놓고, 신적 존재에게 의지하는 행위다. 명상은 내면의 평화를 찾기 위해 마음을 고요하게 하고, 현재 순간에 집중하는 방법이다. 이러한 실천은 불안을 일으키는 생각이나 감정에서 벗어나, 내면의 고요함과 평화를 경험하도록 돕는다.

자연 속에서 시간을 보내는 '자연과의 연결' 역시 영성 훈련의 한 형태로, 이는 개인이 자연의 경이로움과 조화로운 관계를 통해 불안을 해소하는 데 도움을 줄 수 있다. 자연 속에서의 명상이나 산책은 개인이 자신의 문제를 더 큰 맥락에서 바라보게 하며, 자연의 일부분으로서의 자신을 인식하게 만든다. 이는 존재적 불안을 완화하고, 삶의 의미와 연결성을 느끼게 한다.

자기 성찰을 가능하게 하는 영적 독서나 의식, 의례도 영성 훈련의 중요한 형태다. 성경과 같은 종교 경전을 읽거나, 철학적, 영적 주제에 대한 글을 읽는 것은 영성 훈련의 일환이 될 수 있다. 이러한 독서는 개인이 자신의 삶을 더 깊이 이해하고, 불안을 좀 더 넓은 맥락에서 바라보는 데 도움을 줄 수 있다. 독서 후 성찰의 시간을 갖는 것은 자신이 읽은 내용이 자신의 삶에 어떤 의미를 갖는지 탐구하는 기회를 제공한다. 또 많은 사람들은 종교적 의식이나 의례를 통해 내면의 평화를 찾는다. 이러한 의식은 개인이 자신을 초월하는 존재와 연결되도록 돕는다. 예를 들어, 기독교의 성찬식, 묵상, 명상 의식 등은 모두 신성과의 관계를 강화하고, 불안을 완화하는 데 기여할 수 있다.

영성 훈련이 불안을 줄이고 내면의 평화를 찾는 데 효과적이라는 것은 뇌과학적 연구를 통해서도 입증되고 있다. 명상과 기도와 같은 영적 실천은 뇌의 특정 영역에 긍정적인 영향을 미친다. 예를 들어, 영성 훈련은 뇌의 신경가소성neuroplasticity을 증진시켜, 불안에 대한 회복력을 강화한다. 명상이나 기도는 뇌의 전두엽prefrontal cortex과 대상회cingulate cortex의 활동(감정과 사고, 몸과 마음의 경계를 잇는 다리 역할)을 증가시켜, 감정 조절 능력을 향상시키고 불안을 완화한다. 이 과정에서 뇌는 불안과 스트레스에 대한 더 강한 회복력을 가지게 된다. 또 영성 훈련은 뇌의 도파민과 세로토닌을 증가시켜 준다. 이러한 신경전달물질은 기분을 개선하고, 불안을 감소시키는 데 중요한 역할을 한다. 명상을 하며 내면의 고요함과 평화를 느끼게 되는 것도 이 때문이다.

영성 훈련은 불안을 일으키는 뇌의 편도체amygdala 활동을 줄이는 데 효과적이다. 편도체는 스트레스와 불안을 유발하는 주요 뇌 영역 중 하나인데, 명상과 기도는 이 부분의 과도한 반응을 억제하여 불안을 감소시킨다. 이는 개인이 불안 상황에서도 더 차분하고 평온하게 반응할 수 있도록 돕는다.

의과대학 박사인 앤드루 뉴버그Andrew Newberg는 영성 훈련이 뇌에 미치는 영향을 조사하면서, 명상과 기도가 뇌의 감정 조절 센터를 활성화시키고, 불안과 스트레스를 줄이는 데 효과적이라는 것을 발견했다. 그의 연구는 영성 훈련이 뇌의 구조적, 기능적 변화를 유도하여, 내면의 평화를 찾는 데 중요한 역할을 한다는 것을 보여준다.

종교적 생활과 불안 해소

현대인의 삶에서 불안은 피할 수 없는 감정이자, 동반자다. 빠르게 변화하는 환경, 끝없는 경쟁, 정보의 과부하 속에서 우리는 불안을 끊임없이 느끼게 된다. 이러한 불안은 정신적, 신체적 건강을 해치며, 삶의 질을 저하시킨다. 하지만 종교적 생활은 불안을 해소하고 내면의 평화를 찾는 데 있어 중요한 역할을 한다. 신앙은 우리가 세상에서 통제할 수 없는 요소들 앞에서 느끼는 불안을 줄이고, 더 큰 존재와의 연결을 통해 안정감을 제공한다.

기독교에서는 하나님에 대한 신뢰를 통해 불안을 극복할 수 있다고 가르친다. "너희 염려를 다 하나님께 맡기라 이는 그가 너희를 돌보심이라(베드로전서 5장 7절)"라는 성경 구절은 하나님이 우리의 모든 불안을 알고 계시며, 그분께 우리의 걱정을 맡길 때 평안을 찾을 수 있다는 신앙적 확신을 제공한다. 이슬람교에서도 알라에 대한 절대적인 신뢰와 순종을 통해 불안을 줄이고 내면의 평화를 유지할 수 있다고 믿는다. 신앙은 현대인의 불안을 해소하는 데 있어 매우 중요한 심리적 지지체계로 작용한다.

심리적 측면에서도 종교적 생활은 불안을 관리하고 치유하는 데 매우 효과적인 역할을 한다. 기도, 명상, 종교 의식과 같은 종교적 실천은 우리의 마음을 안정시키고, 불안을 줄이는 데 도움을 준다. 현대인의 복잡한 삶에서 이러한 실천은 정신적 안정을 찾는 중요한 방법이 될 수 있다. 또 기도는 우리가 더 이상 혼자가 아니라는 느낌을 준다. 기도하는 동안 우리는 우리의 걱정과 두려움을 신에게 맡기며, 그로 인해 마음의 평온을 찾을 수 있다. 기도는 신과의 대화를 통해 우리의 내면을 정화하고, 불안을 해소하는 중요한 역할을 한다. 또 명상은 현재 순간에 집중함으로써 마음의 혼란을 가라앉히고, 불안을 줄이는 데 효과적이다. 명상을 통해 우리는 불안을 불러일으키는 부정적인 생각들로부터 벗어나, 내면의 평화를 유지할 수 있다.

심리학적 연구에 따르면, 종교적 신앙은 스트레스와 불안을 감소시키는 중요한 요인으로도 작용한다. 종교적 생활을 통해 우리는 더 높은 존재와의 연결을 경험하며, 이는 우리의 마음에 안정과 평화를 가져다준다. 종교 공동체의 일원으로서 우리는 같은 신앙을 공유하는 사람들과의 교류를 통해 지지를 얻고, 이는 우리의 심리적 건강을 더욱 강화시킨다.

현대사회에서 불안은 피할 수 없는 감정이지만, 종교적 생활은 이를 관리하고 치유하는 데 있어 중요한 역할을 한다. 신앙은 우리가 불안을 극복하는 데 필요한 내면의 평안을 제공하며, 철학적 탐구는 불안의 근본 원인을 이해하고 삶의 의미를 재정립하는 데 도움을 준다. 또 심리적 측면에서 종교적 실천은 우리의 마음을 안정시키고, 불안을 줄이는 데 매우 효과적이다. 종교가 제공하는 영적 자원을 통해 우리는 삶의 도전에 맞설 힘을 얻으며, 삶을 긍정적으로 바라보고, 좀 더 큰 맥락에서 우리 삶을 이해하는 데 필요한 핵심적인 통로로 삼을 수 있다.

예술이 어떻게
불안을 치료할 수 있을까

"붓을 든다는 건, 감정을 바깥으로 옮긴다는 뜻이다."

● 염두연

미술로 치료하는 불안

미술치료Art Therapy는 불안을 완화하는 강력한 도구로, 창의적 표현을 통해 내면의 감정을 탐구하고 치유하는 과정을 의미한다. 미술치료는 예술적 활동을 통해 개인이 자신의 감정을 표현하고, 이를 시각적으로 탐색함으로써 불안을 해소하는 데 도움을 준다. 이 치료법은 특히 언어로 표현하기 어려운 감정을 다루는 데 효과적이며, 불안 장애를 겪는 사람들에게 심리적 안정을 제공할 수 있다.

미술치료는 사람들이 예술을 통해 자신의 감정을 표현하고, 내면의 갈등을 시각적으로 외부화함으로써 심리적 해소를 돕는 방법이다. 미술치료는 기본적인 원리가 있다.

첫째, 자유로운 표현이다. 미술치료에서는 자신을 표현하는 데 있어 정해진 틀이나 규칙이 없다. 그림, 조각, 콜라주 등 다양한 매체를 통해 자신의 감정을 자유롭게 표현할 수 있다. 이러한 자유로운 창의적 표현은 억압된 감정을 해소하고, 내면의 불안을 밖으로 끌어내는 데 도움을 준다.

둘째, 비언어적 소통이다. 미술치료는 언어로 표현하기 어려운 감정을 시각적으로 표현할 수 있도록 돕는다. 특히, 불안이 내면 깊숙이 자리 잡고 있어 말로 설명하기 어렵거나 불편한 경우, 미술을 통해 이를 시각화하는 과정이 치료적 효과를 발휘한다.

셋째, 창의적 탐색과 문제 해결이다. 미술치료는 창의적 과정 자체가 치료의 일환이 된다. 작품을 만드는 과정에서 개인은 문제를 탐색하고, 다양한 시각에서 접근하는 경험을 하게 된다. 이는 불안의 원인을 이해하고, 그것을 해결하기 위한 새로운 관점을 찾는 데 기여할 수 있다.

넷째, 자아 성찰과 통찰의 기회를 얻는 것이다. 미술 작품은 개인의 감정 상태와 심리적 문제를 반영하는 거울 역할을 한다. 작품을 통해 자신의 내면을 들여다보고, 이를 해석하는 과정에서 자아 성찰이 이루어진다. 이는 불안을 더 깊이 이해하고, 불안의 원인을 해결하는 데 도움을 준다.

미술치료가 불안 완화에 효과적인 이유는 뇌의 특정 영역과의 상호작용 때문이다. 창의적 표현 활동은 뇌의 다양한 부분을 자극하고, 특히 감정 처리와 관련된 뇌 영역을 활성화한다. 불안과 관련된 뇌 영역인 편도체amygdala는 미술치료를 통해 그 활동이 감소될 수 있다. 미술치료 중에 시각적이고 창의적인 활동에 집중하게 되면 편도체의 과도한 반응이 억제되며, 이는 불안 수준을 낮추는 데 기여한다. 또 미술치료는 전두엽prefrontal cortex의 활동을 촉진하여 감정 조절 능력을 향상시킨다. 전두엽은 계획, 의사결정, 감정 조절과 같은 고차원적인 인지 기능을 담당하는데, 미술치료는 이 영역의 활성화를 통해 불안을 더 잘 관리할 수 있도록 돕는다. 그리고 미술치료는 뇌의 보상 시스템을 자극한다. 미술치료 중에 창의적인 작업을 통해 뇌의 도파민dopamine 시스템이 자극된다. 도파민은 보상과 긍정적인 감정과 관련된 신경전달물질로, 이를 통해 미술 활동이 즐거움과 성취감을 제공하며, 불안 완화에 기여할 수 있다.

미술치료는 비언어적 기억non-verbal memory에 접근하는 데도 도움을 준다. 이는 과거의 경험이나 트라우마를 시각적으로 표현하고, 이를 안전한 환경에서 탐색함으로써 불안을 해소하는 데 중요한 역할을 한다. 서양화가인 게르하르트 리히터Gerhard L. Ritscher는 미술치료가 PTSD외상 후 스트레스 장애 환자들에게 효과적으로 작용하며, 그들의 불안을 줄이고 심리적 안정감을 높이는 데 기여한다고 밝혔다. 리히터의 연구는 미술치료가 뇌의 감정 처리 네트워크를 안정시키고, 환자들이 내면의 고통을 더 잘 다룰 수 있도록 돕는다는 것을 입증했다.

미술치료의 실질적인 효과

미술치료는 다양한 형태의 불안 장애에 대한 효과적인 치료법으로 입증되었다. 특히, 미술치료는 다음과 같은 측면에서 불안 완화에 중요한 역할을 한다.

먼저, 심리적 해소와 카타르시스다. 미술치료는 내담자들이 억압된 감정과 불안을 표현하고 해소하는 기회를 제공한다. 예술적 표현을 통해 내면의 혼란스러운 감정을 밖으로 드러내면서, 내담자는 심리적 카타르시스를 경험하게 된다. 이는 불안의 강도를 줄이고, 정서적 균형을 되찾는 데 도움을 준다. 또 자아 강화와 자기 효능감을 증진시킨다. 미술치료 과정에서 내담자는 창작 활동을 통해 자기표현 능력을 강화하고, 성취감을 느끼게 된다. 이는 불안으로 인해 낮아진 자기 효능감을 회복시키고, 자신의 감정을 더 잘 다룰 수 있다는 자신감을 불어넣어준다. 작품을 완성하는 과정은 내담자가 자신의 능력을 재확인하고, 자기 가치감을 높이는 데 기여한다.

미술치료는 비언어적 소통을 통한 감정을 탐색하는 데도 탁월하다. 말로 표현하기 어려운 감정을 미술치료를 통해 시각적으로 탐색할 수 있다. 특히, 어린이, 청소년 또는 트라우마를 겪은 사람들에게 미술치료는 감정을 표현할 수 있는 안전한 공간을 제공한다. 이를 통해 내담자는 자신의 감정을 더 잘 이해하고, 불안의 원인을 더 명확히 파악할 수 있다. 또 미술치료를 통해 심리적 통합과 균형을 찾아갈 수 있다. 미술치료는 개인이 자신의 다양한 감정과 생각을 통합하고, 이를 균형 있게 다룰 수 있도록 돕는다. 작품을 만드는 과정에서 내담자는 자신의 내면 세계를 시각적으로 정리하고, 이를 바탕으로 더 안정된 감정 상태를 유지할 수 있다.

한 예로, 40대 중반의 리안 씨는 어린 시절 부모의 무관심과 정서적 방치 속에서 자랐다. 그녀는 타인과의 관계에서 극심한 불안을 느끼며 관계의 결핍을 메우기 위해 지나치게 집착하거나 혹은 단절하는 패턴을 반복해왔다. 성인이 되어서는 흡연, 음주, 우울증, 지나친 의존증으로 고통을 받았다. 나와 만날 당시 그녀는 자신의 문제를 인정하면서도 해결 방법을 찾지 못해 방황하고 있었다.

나는 리안 씨와 상담을 하며 그녀에게 미술적 재능이 있다는 사실을 발견하게 되었다. 과거 잠깐 그림을 배운 경험이 있는데 부모의 반대로 중단했다는 것이다. 나는 미술을 내면 관리의 도구로 삼기로 했고, 그녀는 이를 열정적으로 받아들였다. 처음에는 단순한 스케치와 색칠로 시작했지만 예술적 표현이 일어나면서 자신의 감정을 캔버스 위에 담아내기 시작했다. 그녀가 처음에 그린 그림들은 어둡고 혼란스러웠지만, 시간이 흐르며 구조적이고 밝은 색감이 나타나기 시작했다. 그녀의 내면 상태가 점점 표출되고 있었던 것이다.

리안 씨는 그림을 그리는 활동을 통해 자신의 감정을 표현하는 동안 불안과 평안이 오가는 마음을 느꼈다. 이를 통해 억눌렸던 분노와 슬픔을 알아차릴 수 있었다. 초기 그림에서 반복되던 혼란스러운 선들은 그의 불안하고 통제되지 않는 내면을 보여주었고, 시간이 흐르며 그의 내면이 균형을 갖춰가는 것을 확인할 수 있었다. 또 그림을 그리는 과정에서 리안 씨는 즉흥적으로 붓을 휘두르는 자신을 관찰하며 '나에게 충동성이 있다.'라는 사실을 인식하기 시작했다. 나는 그림을 통해 그녀가 충동을 조절하는 연습을 할 수 있도록 제안했다. 그녀는 '그림 그리기 전에 멈추고 생각하기'라는 규칙에 따라 충동을 조절하는 기술을 터득해나갔다. 이 훈련은 '무엇을 그리고 싶은지' '이 그림이 나에게 어떤 감정이 주는지' 등의 자기 대화를 통해 자신과 연결되는 훈련이었다. 이 훈련은 그녀의 일상에도 적용되었고, 금연과 금주를 시도하는 계기가 되었다.

리안 씨는 미술치료를 통해 내면의 소리를 들었고, 이제 자신의 삶을 돌아보기 위해 독서의 단계로 나아갔다. 자기계발서와 예술 관련 서적은 그녀에게 새로운 통찰을 제공했고, 그녀는 그림을 그리며 얻은 통찰을 글로 적고, 또다시 그림을 그리는 활동을 반복하며 점점 회복해나가기 시작했다. 후일 그녀는 관리 과정 동안 자신이 그린 그림을 전시회를 통해 발표했고, 이를 본 사람들은 깊은 공감대와 감명을 받았다. 이 과정을 통해 리안 씨의 자존감이 크게 회복되었음은 물론이다.

놀랍게도 그녀는 이제 자신의 작품을 모아 전시회를 개최하며 자신이 겪은 치유의 과정을 타인과 공유하는 활동을 지속하고 있다. 충동 조절 능력을 키우고 금연에 성공했으며, 음주를 절제하고 즐길 수 있게 되었다. 과거에 자신을 사로잡던 관계에 대한 불균형도 해소되어 건강한 대인 관계를 형성하게 되었다. 그녀는 자신의 성장을 예술로 표현하며, 자신을 더 깊이 이해하고 수용하는 법을 배우고 있다. 그녀는 미술을 통해 단순히 치료를 넘어 자신의 삶을 재구성하는 데 강력한 도구로 삼았고, 자신이 만든 새로운 삶의 캔버스 위에 희망과 치유의 색을 채워나가게 되었다. 리안 씨의 이야기는 예술이 감정 표현과 자기 통찰, 그리고 삶의 변화를 위한 중요한 매개체가 될 수 있음을 보여준다.

🎯 미술치료의 다양한 기법들

미술치료는 전문가의 지도하에 다양한 환경에서 적용될 수 있다. 예를 들어, 정신과 병원, 상담 센터, 학교, 재활 시설 등에서 미술치료 세션이 이루어질 수 있다. 미술치료에 주로 사용되는 기법들은 다음과 같다.

자유 드로잉 | 내담자가 자신의 감정을 자유롭게 표현할 수 있도록 종이와 연필, 크레용, 물감 등을 제공한다. 이 과정에서 내담자는 자신의 내면 상태를 시각적으로 표현하며, 치료자는 그 의미를 해석하고 탐구하는 데 도움을 준다.

콜라주 | 내담자는 잡지나 신문에서 그림이나 사진을 오려내어

자신의 감정을 표현하는 콜라주를 만든다. 이 과정에서 내담자는 불안을 유발하는 요소를 시각적으로 분해하고, 재구성하는 작업을 통해 불안을 다룬다.

조각과 입체 작업 | 점토, 종이, 나무 등 다양한 재료를 사용하여 3차원 작품을 만드는 작업이다. 내담자는 불안을 상징하는 물체를 조각하거나, 불안을 극복하는 과정을 작품으로 표현할 수 있다.

색채 심리 작업 | 색채는 감정과 깊이 연관되어 있다. 내담자는 다양한 색을 사용하여 자신의 감정을 표현하고, 색채를 통해 불안의 강도와 성격을 탐구할 수 있다. 치료자는 내담자가 선택한 색을 바탕으로 감정 상태를 분석하고, 더 나은 대처 방안을 제시할 수 있다.

글쓰기와 문학이
어떻게 불안을 치료할 수
있을까

"글쓰기는 내가 나를 다시 만나는 가장 정직한 시간이다."

● 나탈리 골드버그

불안을 다루는 글쓰기

글쓰기와 문학 치료는 불안을 해소하고 심리적 치유를 촉진하는 강력한 도구로, 내면의 감정을 표현하고 정리하는 과정을 통해 불안과 스트레스를 완화할 수 있다. 글쓰기와 문학 치료는 개인이 자신의 내면을 탐구하고, 복잡한 감정을 언어로 표현하며, 이를 통해 불안을 다루는 데 효과적인 접근 방식을 제공한다.

글쓰기는 단순한 감정 표현을 넘어서, 내면의 갈등을 해소하고 자기 성찰을 촉진하는 중요한 방법이다. 글쓰기를 통해 불안과 스트레스를 효과적으로 다룰 수 있는 이유는 무엇일까?

먼저, 글쓰기는 내면에 억눌려 있던 감정들을 외부로 끄집어내는 역할을 한다. 불안이 내면에 쌓여 있을 때, 이는 심리적 부담을 가중시키고, 감정을 더욱 복잡하게 만들 수 있다. 글쓰기를 통해 불안을 글로 표현함으로써, 그 감정을 시각적으로 인식하고, 이를 객관적으로 바라볼 수 있는 거리를 두게 된다.

또 글쓰기는 사고를 명료하게 해준다. 불안은 종종 혼란스럽고 모호한 형태로 나타나며, 이는 개인이 그 원인과 해법을 찾는 데 어려움을 겪게 만든다. 글쓰기는 이러한 복잡한 감정과 생각을 구조화하고 명료화하는 데 도움을 준다. 글을 쓰면서 우리는 불안의 원인을 더 명확히 이해하고, 그에 따른 대처 방안을 체계적으로 정리할 수 있다.

그리고 글쓰기는 자기 성찰과 통찰을 경험할 수 있게 해준다. 글쓰기는 자기 성찰을 촉진하고, 내면의 깊은 통찰을 이끌어낸다. 글을 쓰는 과정에서 우리는 자신이 느끼는 불안의 본질을 더 잘 이해하고, 그것이 삶의 다른 측면과 어떻게 연결되어 있는지를 탐구하게 된다. 이 과정에서 우리는 불안에 대한 새로운 시각을 얻고, 더 나은 대응 방식을 개발할 수 있다.

마지막으로 글쓰기를 하는 동안 자기 주도적 치유가 일어난다. 글쓰기는 개인이 자신의 감정을 다루고 치유하는 과정에서 능동적인 역할을 하도록 돕는다. 자신의 이야기를 글로 풀어내는 것은 내면의 갈등을 해결하고, 심리적 안정감을 찾는 데 중요한 역할을 한다. 글쓰기를 통해 우리는 불안을 극복할 수 있는 내적 자원을 발견하게 된다.

글쓰기는 최근 들어 심리 치료의 기법으로 더 많이 사용되는데, 40대 중반의 전문직에 종사하는 민우 씨의 경우 글쓰기를 통해 심각한 우울증이 치료되는 놀라운 결과를 얻게 되었다. 민우 씨는 몇 년 전 오랫동안 사랑한 사람을 잃고 충격에 휩싸였다. 갑작스러운 상황에 그동안 전문가로서 화려한 경력을 쌓아왔지만, 순식간에 동굴 속으로 들어가 고립된 채 모든 활동을 중단하게 된 것이다. 시간이 흐르고 생존을 위해 일터로 돌아오긴 했지만 자신의 커리어를 되찾기에는 몸과 마음이 너무 망가진 상태였다. 주변 사람들이 그를 돕기 위해 노력했지만, 그것도 잠시 민우 씨는 더더욱 동굴 속으로 깊이 들어가는 일이 많아졌다.

급기야 잠이 오지 않는 밤을 달래기 위해 술을 마시기 시작했고, 1년 동안 매일 술을 마시는 알코올 중독 증세까지 보이기 시작했다. 활발한 활동을 하다 낮은 성과로 위기에 처하면서 불안감은 증폭되었고 이로 인해 대인관계를 기피하는 대인기피증과 공황장애가 동시에 오게 되었다. 병원에서는 더욱 강한 우울증 약을 권했지만, 민우 씨가 능동적으로 할 수 있는 일은 아무것도 없었다.

그런 그에게 글쓰기 치료를 하고 있던 지인이 독서와 글쓰기를 추천했고, 아직 삶의 의지를 놓지 않고 있던 민우 씨는 지푸라기라도 잡는 심정으로 자신의 감정을 한 줄, 두 줄씩 적기 시작했다. 자기 혼자만 종이 위에 적으면 지속이 될 것 같지 않아 필명으로 SNS에 하루 한 편씩 글을 올리기 시작한 것이다. 처음에는 '죽고 싶다' '너무 힘들다' 정도의 단문에서 점점 자신이 왜 힘든지, 그 힘듦의 정도와 실체는 무엇인지에 대해 적기 시작했다. 그의 글은 '죽고 싶다'에서 '하지만 살고 싶다' '그러나 어떻게 살아야 할까'로 점차 바뀌게 되었고, 자신이 우울감을 느끼고 불안감을 느끼는 실체와 마주하고 더욱 솔직하게 글을 써나가기 시작했다.

민우 씨는 글을 쓰는 과정을 통해 자신이 상실감으로 인한 불안함, 슬픔에 빠져 있음을 알게 되었고 이것이 결코 되돌릴 수 없는 상황이라는 사실을 받아들이게 되었다. 또한 자신의 내면에는 아직 성공을 향한 갈망과 이 삶을 좀 더 자기답게 잘 살아내고자 하는 의지가 있다는 것도 발견할 수 있었다. 1년의 글쓰기가 흐른 후 민우 씨는 이제 자신이 하고 싶은 것, 좋아하는 것을 글로 적고 그것을 행동으로 옮기기 위해 용기를 냈다. 이를테면 몇 권의 책을 읽기, 영화를 보고 감상문을 적어보기, 산책을 하며 시 한 편을 외워보기, 카메라를 사서 100장의 사진을 찍어보기 등이었다. 일할 때를 제외하고는 몸을 거의 움직이지 않았던 민우 씨는 한 발씩 바깥 세상을 향해 움직이기 시작했고, 주변의 응원과 도움으로 좀 더 빨리 세상으로 나올 수 있게 되었다. 3년이 지난 지금까지도 그는 글쓰기를 이어오고 있으며, 시작 때보다 훨씬 깊이 있는 자아 성찰과 불안을 직면하는 태도를 통해 성숙하고 변화된 삶을 살아가고 있다.

민우 씨의 사례는 글쓰기를 통해 안개처럼 모호했던 자기 불안의 실체를 확인하고, 내면의 목소리에 집중함으로써 내면의 성찰을 이끌어낸 좋은 케이스다. 우리는 글쓰기를 통해 마음 깊은 곳에 내재한 불안과 마주하고 이를 해결하기 위한 더 나은 방법을 찾아가는 과정을 통해 놀라운 치유를 경험할 수 있게 된다.

내면의 거울이 되어주는 문학 치료

문학 치료Bibliotherapy는 문학 작품을 통해 감정과 문제를 탐구하고, 불안을 완화하는 치료적 접근법이다. 문학 치료는 독서와 글쓰기를 결합하여 내담자가 자신을 이해하고, 심리적 고통을 해소하도록 돕는다. 그렇다면 문학 치료는 어떻게 불안 치료에 도움이 될까.

먼저, 공감과 자기 이해다. 문학 작품은 우리가 비슷한 문제를 겪는 등장인물들과 공감하게 만들며, 이를 통해 자신의 불안을 더 잘 이해할 수 있게 한다. 문학 치료는 내담자가 특정 작품이나 캐릭터와 감정적으로 연결되도록 돕고, 이를 통해 자신의 감정을 탐구하고 불안을 다루는 새로운 방법을 배울 수 있게 한다.

다음으로 감정의 해소와 카타르시스다. 문학 치료는 내담자가 작품 속 인물들과 함께 감정을 경험하고 해소하는 기회를 제공한다. 예를 들어, 슬픔이나 분노와 같은 감정을 작품을 통해 표현함으로써 내담자는 자신의 감정을 안전하게 해소할 수 있다. 이러한 카타르시스는 불안을 완화하고, 심리적 균형을 되찾는 데 기여한다.

또 문학적 상상과 창의성이다. 문학 치료는 상상력을 자극하고, 창의적인 사고를 촉진한다. 내담자는 작품 속 다양한 이야기와 상황을 통해 자신이 처한 문제를 새로운 시각에서 바라볼 수 있으며,

이를 통해 불안에 대한 창의적인 해결책을 모색하게 된다.

'이야기'는 인간의 경험을 구조화하고 의미를 부여하는 강력한 도구로 사용되어왔다. 문학 치료는 내담자가 자신의 삶을 이야기로 풀어내고, 그 이야기를 통해 불안을 재구성하고 치유하도록 돕는다. 이 과정에서 내담자는 자신의 이야기를 새로운 시각에서 바라보고, 이를 통해 불안에 대한 통제력을 회복하게 된다.

글쓰기와 문학 치료 역시 뇌의 특정 영역을 자극하고, 신경 회로를 재구조화함으로써 불안을 치료하는 데 도움을 준다. 글쓰기는 뇌의 좌측 전두엽left prefrontal cortex과 측두엽temporal lobe을 활성화시켜 감정 처리와 언어적 표현을 촉진한다. 글을 쓰는 동안 우리는 감정을 언어로 변환하는 과정을 통해 불안을 외부화하고, 이를 더 효과적으로 다룰 수 있게 된다. 또 문학 치료는 기억과 정서적 경험을 재구성하고 통합하는 데 도움을 주는데, 문학 작품을 읽고 그에 대해 성찰하는 과정에서, 우리는 과거의 경험을 새로운 맥락에서 이해하고, 이를 통해 불안을 더 잘 다룰 수 있게 된다. 이 과정에서 뇌의 해마hippocampus와 편도체amygdala가 중요한 역할을 한다.

그리고 글쓰기와 문학 치료는 뇌의 신경가소성을 촉진하여, 새로운 사고 패턴과 감정 처리 방식을 학습하게 만든다. 이는 불안을 더 잘 관리하고, 긍정적인 심리적 변화를 일으키는 데 중요한 기전이다.

글쓰기와 건강의 관계 연구자로서 세계적으로 인정받는 제임스 페니베이커James Pennebaker는 자신의 연구를 통해 '표현적 글쓰기 expressive writing'가 트라우마 경험 후의 불안을 완화하고, 심리적 건강을 증진하는 데 효과적이라는 것을 입증했다. 페니베이커의 연구는 글쓰기를 통해 내담자들이 자신의 감정을 구조화하고, 이를 통해 불안을 더 잘 이해하고 극복할 수 있게 된다는 것을 보여준다.

🎯 글쓰기와 문학 치료의 다양한 기법들

글쓰기와 문학 치료는 다양한 상황에서 불안 완화에 활용될 수 있다. 이들 치료법은 개인 상담, 집단 치료, 그리고 자가 치료 방식으로 적용될 수 있으며, 특히 불안 장애, 우울증, PTSD 등 심리적 어려움을 겪는 사람들에게 유용하다. 그 기법들은 다음과 같다.

표현적 글쓰기 | 글쓰기의 대표적인 기법으로 내담자는 자신의 불안이나 스트레스와 관련된 경험을 자유롭게 글로 써본다. 이 글쓰기는 감정적 해소와 자기 성찰을 촉진하며, 내담자가 자신의 경험을 재구성하고 불안을 더 잘 다룰 수 있도록 돕는다. 이는 정해진 형식 없이 자유롭게 쓰는 것이 중요하며, 반복적으로 쓰는 것이 더 큰 효과를 가져올 수 있다.

일기 쓰기 | 일기는 일상에서 느끼는 감정과 사건을 기록하는 방법으로, 글쓰기 치료의 한 형태로 사용할 수 있다. 일기를 쓰는 것은 자신의 감정을 정리하고, 그날의 경험을 반추하는 기회를 제공한다. 이는 일상적인 불안 관리를 돕고, 지속적인 성찰을 통해 심리적 안정을 유지하는 데 기여한다.

문학 작품 분석하기 | 내담자는 특정 문학 작품이나 시를 읽고, 그에 대한 감상을 글로 써본다. 이 과정에서 작품 속 인물들과 자신을 비교하고, 그들의 경험에서 교훈을 얻으며, 자신의 불안을 새로운 시각에서 바라볼 수 있게 된다. 이는 내담자가 자신의 감정을 더 잘 이해하고, 불안을 해소하는 데 도움을 줄 수 있다.

창작 글쓰기 | 내담자는 자신의 경험을 바탕으로 이야기를 창작해 볼 수 있다. 이 과정에서 내담자는 자신의 감정을 이야기의 형태로 구조화하고, 이를 통해 불안에 대한 통제력을 회복하게 된다. 창작 글쓰기는 내담자가 자신의 삶을 재해석하고, 불안에 대한 긍정적인 해결책을 모색하는 데 도움을 준다.

사회적 지지가
불안에 미치는 영향

"누군가 '괜찮아'라고 말해줄 때, 우리는 비로소 덜 불안해진다."

● 브레네 브라운

불안을 감소해주는 공동체의 힘

사회적 지지Social Support는 불안을 관리하고 심리적 안정을 유지하는 데 필수적인 요소로, 개인이 어려움에 직면했을 때 이를 극복하는 데 중요한 역할을 한다. 공동체의 힘은 특히 개인이 고립감이나 스트레스를 느낄 때, 심리적 보호막을 제공하며 불안을 감소시키는 데 기여한다. 인간은 본질적으로 사회적 존재이므로, 타인과의 관계 속에서 상호 지지를 주고받는 것은 정신적 건강에 큰 영향을 미친다.

사회적 지지는 감정적, 도구적, 정보적 지지 등 다양한 형태로 나타난다.
감정적 지지는 사랑, 공감, 이해와 같은 정서적 지원을 의미한다.

가족, 친구, 동료 등 가까운 사람들과의 감정적 유대는 불안을 완화하고, 어려운 상황에서도 심리적 안정감을 유지하도록 돕는다. 감정적 지지는 우리가 힘든 시기에 느끼는 외로움과 무력감을 줄이는 데 중요한 역할을 한다.

도구적 지지는 물질적, 실질적인 도움을 제공하는 형태의 지원이다. 예를 들어, 친구가 힘든 상황에서 물리적인 도움을 주거나, 경제적인 지원을 제공하는 것 등이 포함된다. 도구적 지지는 불안의 원인이 되는 실질적인 문제를 해결하는 데 직접적인 도움을 줄 수 있다.

정보적 지지는 문제를 해결하기 위한 지식과 조언을 제공하는 형태의 지원이다. 예를 들어, 건강 문제로 불안을 느끼는 사람에게 의료 전문가나 경험이 있는 사람의 조언이 큰 도움이 될 수 있다. 정보적 지지는 상황에 대한 명확한 이해를 제공하고, 문제 해결에 필요한 정보를 통해 불안을 감소시킨다.

소속감과 안정이다. 공동체와의 연결은 개인에게 소속감을 느끼게 하고, 심리적 안정감을 제공한다. 자신이 어느 한 집단이나 공동체의 일원으로서 인정받고 있다고 느끼는 것은 불안을 줄이는 데 매우 효과적이다. 소속감은 개인이 외부의 도전에 맞서 강해질 수 있도록 돕고, 심리적 회복력을 높인다.

공동체가 불안을 감소시키는 방식에는 여러 가지가 있다. 공동체는 개인이 느끼는 고립감을 해소하고, 어려운 상황에서 서로 지지하며 회복할 수 있는 힘을 제공한다. 그렇다면 공동체의 힘이 불안을 감소시키는 주요 메커니즘에는 어떤 것들이 있을까.

먼저, 사회적 연결과 소속감이다. 공동체는 개인이 타인과 연결되도록 돕고, 소속감을 제공한다. 인간은 사회적 동물로서 다른 사람들과의 유대 속에서 안정감을 느낀다. 연구에 따르면, 강한 사회적 유대는 심리적 안정감과 행복을 증진시키며, 불안을 줄이는 데 중요한 역할을 한다고 한다.

다음으로 공유된 경험과 공감이다. 공동체는 유사한 경험을 가진 사람들 간의 공감을 가능하게 한다. 예를 들어, 같은 문제로 고통받고 있는 사람들이 모인 지원 그룹은 구성원들이 서로의 감정을 이해하고 지지하며, 불안을 완화하는 데 중요한 역할을 한다. 공유된 경험을 통해 개인은 자신의 감정이 정상적이라는 것을 확인하고, 더 큰 심리적 안정을 얻을 수 있다. 실제로 우리나라에서 일어났던 커다란 자연재해로 인해 사랑하는 이를 잃은 사람들은 그들끼리 모임을 만들고 활동하면서 더 강한 유대감을 형성했다. 그들은 지속적인 관계를 통해 같은 아픔을 가진 사람들과의 소통하고 공감, 위로하면서 불안감을 완화하기 위해 노력해오고 있다.

또 집단 회복력이다. 공동체는 개인보다 더 강한 집단 회복력을 제공할 수 있다. 집단 내에서 서로의 경험과 지식을 공유하고, 문제 해결을 위한 집단적 노력을 통해 불안 상황에 대처할 수 있다. 공동체는 어려운 시기에도 서로를 지원하며 회복력을 증대시킨다.

마지막으로 사회적 규범과 기대이다. 공동체는 사회적 규범과 기대를 통해 구성원들이 긍정적인 행동을 유지하도록 돕는다. 예를 들어, 공동체 내에서 긍정적이고 희망적인 태도가 권장된다면, 구성원들은 어려운 상황에서도 이러한 태도를 유지하려고 노력할 것이다. 이는 불안을 줄이고, 심리적 안정을 유지하는 데 기여할 수 있다.

사회적 지지의 효과는 뇌과학적 연구를 통해서도 입증되고 있다. 연구 결과에 따르면, 사회적 지지는 뇌에서 옥시토신oxytocin이라는 호르몬의 분비를 촉진한다. 옥시토신은 신체적, 정서적 유대감을 강화하며, 스트레스와 불안을 줄이는 데 중요한 역할을 한다. 옥시토신은 또한 사회적 신뢰와 결속감을 증가시켜, 개인이 공동체 내에서 더 큰 안정감을 느끼도록 돕는다.

또 강한 사회적 지지는 불안을 처리하는 뇌의 편도체amygdala 활동을 감소시킨다. 연구에 따르면, 타인으로부터 지지를 받을 때 편도체의 과도한 반응이 억제되며, 이는 불안 수준을 낮추는 데 기여한다. 사회적 지지는 우리가 스트레스 상황에서 더 잘 대처할 수 있도록 돕는다. 또한 김주환 교수가 《내면 소통》에서 강조한 내측 전두엽 피질mPFC의 활성화다. 사회적 지지는 내측 전두엽 피질medial prefrontal cortex, mPFC의 활성화를 촉진한다. 이 영역은 감정 조절과 사회적 판단에 중요한 역할을 한다. mPFC의 활성화는 불안 상황에서도 더 차분하고 이성적인 대응을 가능하게 만든다.

사회심리학자인 셸리 테일러Shelley Taylor는 자신의 연구를 통해 사회적 지지가 스트레스와 불안을 감소시키는 데 중요한 역할을 한다는 '지지-강화supportive buffering' 이론을 제안했다. 그녀의 연구는 강한 사회적 유대가 스트레스 호르몬인 코르티솔cortisol 수치를 낮추고, 불안을 줄이는 데 기여한다는 것을 보여준다.

사회적 지지와 공동체의 힘은 불안을 관리하고 감소시키는 데 매우 중요한 역할을 한다. 공동체는 개인이 고립감을 느끼지 않도록 돕고, 감정적, 도구적, 정보적 지지를 제공함으로써 심리적 안정을 유지하게 한다. 공동체의 힘을 통해 우리는 불안에 대처할 수 있는 강력한 도구를 얻을 수 있다. 또 우리는 공동체를 통해 서로의 경험을 공유하고 지지함으로써, 불안을 극복하고 더 강한 정신적 안정감을 찾을 수 있다. 사회적 지지와 공동체 활동은 불안과 건강하게 공존하며, 더 나은 삶을 살아가는 데 중요한 역할을 할 것이다.

공동체의 힘을 통해 불안을 관리한 사례들

지원 그룹 | 불안 장애를 가진 사람들을 위한 지원 그룹은 그들이 자신의 경험을 나누고, 서로의 감정을 공감하며, 불안을 해소하는 데 도움을 준다. 이 그룹 내에서 구성원들은 서로의 이야기를 들으며 위로를 받고, 공통의 목표를 향해 나아가면서 심리적 안정감을 얻는다.

지역 사회 활동 | 지역 사회에서의 자원봉사나 사회적 활동에 참여하는 것도 불안을 관리하는 데 도움이 된다. 다른 사람들을 돕고, 공동의 목표를 향해 일할 때 개인은 자신의 문제에서 벗어나 긍정적인 에너지를 얻을 수 있다. 이는 불안을 줄이고, 삶의 의미를 찾는 데 기여한다.

온라인 커뮤니티 | 디지털 시대에는 온라인 커뮤니티도 강력한 사회적 지지의 원천이 될 수 있다. 불안 문제를 다루는 온라인 포럼이나 소셜 미디어 그룹에서 사람들은 자신의 경험을 나누고, 서로 지지하며 불안을 극복할 수 있다. 이러한 커뮤니티는 지리적 제약 없이도 강한 사회적 유대를 형성할 수 있다.

종교 공동체 | 종교적 공동체는 신앙을 바탕으로 강한 사회적 지지를 제공할 수 있다. 같은 신앙을 공유하는 사람들과의 관계는 심리적 안정감을 높이고, 불안 상황에서 강한 지지망을 형성하는 데 기여한다. 종교적 의식과 예배를 통한 공동체 활동은 불안을 완화하고, 심리적 평화를 찾는 데 도움을 준다.

없어서는 안 될 가족과 친구의 역할

가족과 친구는 개인이 불안을 관리하고 극복하는 데 있어서 가장 중요한 사회적 지지의 원천이다. 이들은 불안에 직면한 개인에게 정서적 안정과 지지를 제공하고, 실질적인 도움과 조언을 통해 심리적 안정을 유지하는 데 큰 역할을 한다. 가족과 친구의 지지는 개인이 불안 속에서 혼자가 아니라는 느낌을 주고, 더 나아가 불안의 근원을 탐구하고 해결하는 데 중요한 도구가 된다.

가장 가까운 관계망, 가족

가족은 가장 가까운 관계망으로서, 개인의 심리적 안정을 유지하는 데 중요한 역할을 한다. 가족의 지지와 이해는 불안을 완화하고, 안정된 심리적 환경을 조성하는 데 기여한다.

먼저 가족은 정서적 안정을 제공한다. 가족은 개인이 가장 먼저 의지할 수 있는 정서적 지지의 원천이다. 가족 구성원 간의 애정과 이해는 불안을 감소시키고, 심리적 안정감을 제공한다. 가족은 개인이 힘든 상황에서도 자신을 받아주고 이해해 줄 사람들이 있다는 느낌을 준다. 무엇보다 가족은 불안의 원인이 되는 문제를 해결하기 위해 실질적인 도움을 제공할 수 있다. 예를 들어, 재정적 문제로 인해 불안을 느끼는 경우, 가족의 경제적 지원이나 조언이 문제를 해결하는 데 큰 도움이 될 수 있다. 병원을 방문하거나 치료 과정에 조력자가 되어주는 등의 지원도 중요한 역할을 한다.

또 가정은 개인이 심리적으로 안전하다고 느낄 수 있는 환경을 제공한다. 가족은 집이라는 공간을 안정적이고 편안한 곳으로 유지함으로써, 개인이 불안을 해소하고 안정을 찾을 수 있도록 돕는다. 이 안전한 환경은 개인이 외부의 스트레스 요인에서 벗어나 마음을 정리하고 재충전할 수 있는 기회를 제공한다. 더불어 가족은 개인이 불안을 느끼는 원인을 탐구하고 해결책을 모색하는 과정에서 동반자가 될 수 있다. 가족 구성원 간의 대화와 상담은 불안의 근본 원인을 발견하고, 이를 해결하기 위한 전략을 세우는 데 도움을 준다. 가족은 또한 문제를 해결하기 위한 의사결정 과정에서 중요한 역할을 하며, 공동의 노력을 통해 불안을 줄일 수 있다.

몇 년 전 나는 자신의 초등학생 아들 때문에 고민이 있다며 찾아온 유라 씨를 만나게 되었다. 그녀는 아이의 성적에 대한 큰 불안감을 안고 있었다. 유라 씨는 "우리 아이만 뒤처지면 어쩌죠? 마음이 조급해서 학원도 어지간한 데는 다 등록해서 보내고 있고, 공부량도 늘렸어요. 그럴수록 애가 더 무기력해지고 공부를 안 하려고 해요." 하며 불안해했다. 나는 그녀를 상담하는 과정에서 아이가 엄마와의 애착 관계에서 불안감을 느끼고 있고, 엄마의 불안감이 고스란히 전달되어 심각한 무기력증 증세를 보이고 있음을 알게 되었다. "유라 씨가 아이의 조력자가 되어주어야 해요." 나는 그녀가 자녀를 통해 자신의 욕구를 대리만족시키기 전에 아이와 정서적 유대감을 갖고 안정감을 회복하는 게 우선이라는 점을 강조했다. 그녀는 부모 프로그램에 참여하고 나와 상담을 진행하며 자신이 아이를 가족의 구성원이자 사랑하는 대상이고, 보호자로서 울타리가 되어주어야 하는 것이 자신의 역할임을 인식하게 되었다.

유라 씨는 성적으로 아이를 압박하는 대신 아이가 지닌 근원적 불안감을 해소할 수 있도록 가장 가까이에 있는 지지자가 되어주기로 결심했다. 그리고 아이와 대화하는 시간을 늘리고 함께 산책하거나 그림을 그리면서 든든한 지원자가 되어주기 시작했다. 아이가 집에 올 때는 집이 '학업의 연장선에 있는 곳'이 아닌 '편안하고 안정감이 있는 곳, 충분한 휴식을 취하고 가족과 함께 소통할 수 있는 곳'이라는 느낌을 심어주기 위해 노력했다. 그러자 아이는 얼마 안 되어 "엄마, 나도 정말 잘하고 싶은데 생각처럼 잘 안 되어서 속상했어요." 하는 속마음을 털어놓았고, 유라 씨는 아이를 꼭 껴안으며 그 마음을 보듬어주었다. 최근 유라 씨는 자신의 아이가 몸도 마음도 건강하게 회복되었을 뿐 아니라 스스로 계획을 세우고 목표를 쓰며 공부하기 시작했다며 기쁜 소식을 전해왔다.

가족은 우리에게 장기적인 심리적 지원자가 되어준다. 가족은 지속적인 심리적 지원을 제공할 수 있는 가장 중요한 관계망이다. 가족은 개인이 불안을 경험할 때마다 지속적으로 곁에 있어주고, 힘든 시기를 함께 겪어나갈 수 있다. 이 지속적인 지원은 불안 관리에 있어 필수적이며, 장기적으로 심리적 안정을 유지하는 데 큰 도움이 된다.

또 다른 지원자, 친구

친구는 가족 외에도 중요한 정서적 지지와 사회적 연결의 원천이다. 우리는 자주 "가족에게는 못 하는 말을 친구에게는 할 수 있다."라는 말을 하곤 한다. 그만큼 친구와의 관계는 불안 관리에 있어 다양한 방식으로 긍정적인 영향을 미칠 수 있다.

먼저, 친구는 불안을 경험할 때 정서적 지지를 제공하며, 공감적인 대화를 통해 개인이 느끼는 감정을 이해하고 받아들여 준다. 친구와의 대화는 불안에 대한 압박감을 줄이고, 혼자가 아니라는 느낌을 강화한다. 오래전 실제 사례를 바탕으로 제작한 한 CF가 이슈가 된 적이 있다. CF에는 머리를 삭발한 두 젊은 배우가 등장하는데, 백혈병이 걸린 친구를 위해 자신도 똑같이 삭발을 했던 감동적인 실화를 바탕으로 광고를 제작했다고 한다. 이 사례는 친구가 정서적 지지를 제공하고 서로의 감정을 공유하는 중요한 존재임을 잘 보여준다.

또 친구는 개인이 감정을 표현할 수 있는 안전한 공간을 제공하며, 불안을 더 나은 방식으로 다룰 수 있도록 돕는다. 우리는 친구와 함께 시간을 보내며 스트레스를 해소한다는 걸 잘 알고 있다. 실제로 친구와 함께하는 사회적 활동은 불안을 완화하는 데 중요한 역할을 한다. 예를 들어, 친구와의 만남, 운동, 취미 활동 등은 불안에서 벗어나 긍정적인 에너지를 얻을 수 있는 기회를 제공한다. 이러한 활동은 불안감을 줄이고, 긍정적인 기분을 회복하는 데 기여한다.

친구는 또한 현실적인 검증을 제공하고, 불안의 원인이 되는 고립감을 해소하는 데 도움을 줄 수 있다 친구는 누구보다 서로의 상황을 잘 알고 있으며, 그에 맞는 조언을 통해 불안 상황을 더 잘 다룰 수 있도록 돕는다. 친구는 또한 개인이 스스로 문제를 해결할 수 있도록 격려한다. 필요한 경우 함께 해결책을 찾는 데 동참하는 경우에 다양한 치유 효과를 기대할 수 있다. 그리고 친구 관계는 개인이 사회적으로 연결되고, 소속감을 느끼도록 돕는다. 앞에서 이야기했듯 사회적 연결은 불안을 줄이고, 정서적 안정을 유지하는 데 중요한 요소이다. 친구와의 긍정적인 관계는 개인이 외로움을 느끼지 않도록 돕고, 불안에 대처할 수 있는 심리적 자원을 제공한다. 가족과 마찬가지로 친구 역시 긴급 상황에서 신속하게 도움을 줄 수 있는 중요한 지원자가 될 수 있다. 예를 들어, 갑작스러운 불안 발작이나 위기 상황이 발생했을 때, 친구는 빠르게 대응하여 개인이 안정감을 찾을 수 있도록 도울 수 있다. 이러한 긴급 지원은 불안을 빠르게 해소하고, 위기를 극복하는 데 중요한 역할을 한다.

심리학 교수인 존 카시오포John Cacioppo는 자신의 연구를 통해 사회적 고립이 뇌의 불안과 스트레스 반응을 증가시키는 반면, 강한 사회적 지지가 이러한 반응을 억제하고 심리적 안정을 촉진한다고 밝혔다. 그의 연구는 가족과 친구와의 관계가 불안을 감소시키고, 뇌의 긍정적인 변화를 유도한다는 것을 보여준다.

우리는 가족과 친구의 지지 효과를 극대화하기 위해 다양한 방법을 사용할 수 있는데, 먼저 열린 대화와 정서적 공유를 시도할 수 있다. 서로의 감정과 생각을 솔직하게 표현하는 것은 불안을 줄이고, 더 깊은 신뢰와 유대감을 형성하는 데 도움이 된다. 지속적인 관계 유지도 중요한 방법 중 하나다. 일상생활에서 정기적인 연락, 만남, 공동 활동을 하는 것은 관계를 강화하고, 심리적 지지망을 공고히 하는 데 기여할 수 있다. 가족과 친구의 필요에 민감하게 반응하고, 그들이 도움을 필요로 할 때 신속하게 응답하는 것도 중요한 방법이다. 이는 상호 지지를 강화하고, 불안 상황에서도 더 큰 안정감을 제공한다. 마지막으로 감정적 피드백을 제공하는 것이다. 가족과 친구에게 긍정적인 감정적 피드백을 주는 것은 그들이 불안을 해소하고 심리적 안정감을 느끼는 데 큰 도움이 된다.

불안에 대한
심리상담가의 역할

"상담은 말로 이끄는 여행이 아니라, 침묵 속에서 함께 머무는 용기다."

● 칼 로저스

올바른 상담가의 역할과 자세

　심리상담가는 불안을 다루는 여정에서 '자기 발견'과 '정서 치유'의 동반자 역할을 한다. 심리상담가는 내담자가 가진 불안의 요인을 파악하고 이를 해소할 방법을 찾는데, 이때, 대화와 관찰을 통해 내담자의 감정 상태와 생각 패턴 등을 분석하게 된다. 인지행동치료 CBT는 비합리적인 생각이 감정과 행동에 미치는 영향을 인식하고 이를 현실적이고 긍정적인 방식으로 바꾸도록 돕는 방법이다. 또 인지행동치료를 통해 유연한 사고 구조를 갖도록 돕고, 이를 통해 불안의 인지적 기반을 약화시킨다. 필요시 정신건강의학과 전문의에게 평가를 의뢰하여, 약물치료가 필요한 경우 협력할 수 있다.
　주변의 지지가 부족하고 혼자 힘으로 도저히 해결할 수 없는 불안의 상황에 놓였을 때 심리상담가를 찾게 되는 경우가 많다. 그런 경우 심리상담가는 그들의 유일한 조력자이자 지지자가 될 수 있다. 따라서 심리상담가는 환자가 자신의 상황을 받아들이고, 적절한 대처 방법을 익히도록 지지하고, 이를 통해 내담자는 불안 증상을 조절하고 삶의 기능을 회복할 수 있도록 돕는 역할을 담당한다. 특히 상담가는 내담자의 문제를 해결하는 과정에서 자신이 아닌 내담자의 감정과 필요에 초점을 맞춰야 한다. 한 사례를 살펴보자.

은정은 40대의 심리상담사로, 10년 이상 상담 경험을 가진 전문가였다. 그러나 그녀의 마음속에는 해결되지 않은 개인적인 불안이 깊게 자리 잡고 있었다. 은정은 어릴 적부터 가족 간의 갈등 속에서 자랐다. 아버지는 감정 표현이 서툴렀고, 어머니는 은정을 지나치게 의존하며 자신의 감정을 털어놓았다. 이러한 환경 속에서 은정은 항상 가족을 중재하고, 부모의 감정적 욕구를 채워주는 역할을 해야 했다. 성장 후에도 어머니와의 의존적인 관계는 계속되었고, 상담사로서 수많은 내담자를 돕는 와중에도 자신만의 내면 치유는 뒷전으로 밀려났다.

은정은 내담자와 상담을 진행하며 자신의 내면 불안이 영향을 미치는 순간을 경험하기 시작했다. 한 내담자가 "어머니와의 갈등 때문에 너무 힘들다."라고 말했을 때, 은정은 갑작스러운 불편함을 느꼈다. 그녀는 내담자의 말을 경청해야 했지만, 머릿속에서는 자신과 어머니의 관계가 떠올라 대화에 집중하기 어려웠다. 다른 내담자가 "저는 항상 다른 사람들을 돕기만 하는데, 아무도 제 감정을 이해해 주지 않아요."라고 말하자, 은정은 자신도 모르게 지나치게 공감하며 내담자에게 조언을 쏟아냈다. 이러한 순간들은 은정의 미해결된 내면 문제가 상담 관계에 영향을 미치고 있음을 보여준다.

은정은 내담자와의 대화에서 자신이 불필요하게 사적인 경험을 언급하는 것을 삼가고, 상담의 초점을 내담자의 필요로 맞추는 연습을 했다. 그렇게 개인 치료와 자기 성찰을 통해 자신의 불안을 점차 관리할 수 있게 되었고 더 나은 역할로 성장하는 계기가 되었다. 내담자의 이야기에 지나치게 몰입하지 않고, 객관적인 관점에서 그들을 돕는 기술을 익히면서 훨씬 발전된 상담가로서의 면모를 보이기 시작했다. 그녀는 "내 불안은 완전히 사라지지 않을 거예요. 하지만 그것을 인식하고 관리할 수 있다는 것만으로도, 저는 더 나은 상담사가 되고 있다고 느낍니다."라고 말하며, 상담가가 자신의 내면 문제를 다루는 것이 얼마나 중요한지를 보여주었다.

상담가의 건강한 내면은 내담자와의 성공적인 치료 관계의 기초가 된다. 자기 이해와 돌봄을 통해, 상담가는 내담자에게 더욱 진정성 있고 전문적인 도움을 제공할 수 있다. 이를 위해서는 다음과 같은 기본적인 조건이 필요하다.

첫째, 자기 이해와 치유

상담가는 자신의 미해결된 내면 문제를 인식하고 이를 치유하려는 노력을 기울여야 한다. 은정은 자신의 가족 문제를 다룰 수 있는 개인 심리치료를 시작했다. 그녀는 동료 슈퍼비전을 통해 어머니와의 관계에서 느꼈던 부담감과 책임감을 탐구하고, 자신의 감정을 객관적으로 이해하기 시작했다.

둘째, 자기 돌봄

상담가는 내담자와의 관계에서 소진되지 않도록 자신의 정신적, 신체적 건강을 돌봐야 한다. 즉 상담사 자신의 자기 돌봄Self-care이 필요하다. 은정은 상담 외의 시간에는 요가와 명상을 통해 긴장을 풀고, 주말에는 상담 관련 활동을 중단하고 휴식을 취했다.

셋째, 전문적 거리 유지

내담자와의 관계에서 지나친 동일시나 감정적 몰입을 피하고, 객관적이고 중립적인 태도를 유지해야 한다. 즉 전문적 거리 유지가 필요하다. 은정은 자신이 내담자의 이야기에 지나치게 감정적으로 반응한다고 느낄 때, 그 이유를 성찰하고, 이를 동료 상담가와 논의하며 슈퍼비전을 받았다.

넷째, 꾸준한 학습과 경험의 축적

상담가는 자신의 역량을 유지하고 발전시키기 위해 꾸준히 학습하고, 상담 경험을 성찰해야 한다. 은정은 불안을 다루는 최신 연구와 기법을 배우기 위해 워크숍에 참여하고, 사례 연구 모임에서 자신의 경험을 공유하며 피드백을 받았다.

다섯째, 적절한 경계 설정

상담가는 내담자의 문제와 자신의 문제를 명확히 구분하고, 상담 관계에서 적절한 경계를 설정해야 한다. 이는 경계 설정과 전문성 유지를 하라는 뜻과 같다.

상담사의 역전이와 내담자의 불안

현주 씨는 32세의 직장인으로, 반복적으로 상사와 갈등을 겪으며 상담실을 찾았다. 그녀는 상사를 '통제적이고 자신을 존중하지 않는 사람'이라며, 그와 대화할 때마다 불안을 느끼고 분노가 치밀어 오른다고 말했다. "상사는 언제나 제 의견을 무시해요. 제가 아무리 노력해도 그 사람은 제 가치를 보지 못할 거예요." 현주 씨의 말에는 자신이 겪는 좌절과 무력감이 고스란히 담겨 있었다.

상담을 진행하며 상담사는 현주 씨가 상사에게 보이는 강한 반응이 과거 경험과 연관되어 있음을 발견했다. 현주 씨는 어린 시절, 지나치게 비판적이었던 아버지와의 관계에서 많은 상처를 받았다. 아버지는 그녀의 성과를 좀처럼 인정하지 않았고, 항상 "너는 더 잘할 수 있어."라며 완벽을 요구했다. 현주 씨는 자신도 모르게 아버지의 이미지를 현재의 상사에게 투사하고 있었다. "그 사람도 저를 아버지처럼 평가절하할 거예요." 이러한 투사는 상사와의 갈등을 과도하게 확대하며 그녀의 불안을 악화시키고 있었다.

상담사는 세션 중, 현주 씨와의 대화에서 자신이 지나치게 방어적으로 반응하고 있음을 느꼈다. 현주 씨의 상사에 대한 비난이 반복될수록 상담사는 자신이 그 상사의 입장이 된 것처럼 느껴졌고, '내가 제대로 그녀를 도와주지 못하고 있나?'라는 부담감이 생겼다. 상담사는 이를 깨닫고, 자신의 반응이 역전이(상담사가 내담자와의 관계에서 무의식적으로 과거의 중요한 대상과 연관된 감정을 떠올리고 반응하는 현상)일 가능성이 있음을 인식했다. 과거에 비슷한 상황에서 자신이 겪었던 무력감이 떠오르며, 내담자의 좌절감을 지나치게 자신의 것으로 받아들이고 있었던 것이다.

상담사는 역전이를 관리하기 위해 슈퍼비전을 요청했다. 동료 상담가와의 논의를 통해 자신의 반응을 객관적으로 바라보고, 이를 내담자와의 관계에서 어떻게 활용할지 고민했다. 상담사는 세션 중 현주 씨의 투사를 직접적으로 지적하지 않고, 그녀가 안전하게 자신의 감정을 탐색할 수 있도록 도왔다. 상담 중 "상사와의 갈등을 이야기할 때, 현주 씨가 느끼는 감정은 아버지와의 관계에서도 나타난 적이 있었나요?"라는 질문을 통해 투사의 근원을 자연스럽게 드러내도록 유도했다. 상담사는 자신의 역전이가 상담 관계를 방해하지 않도록, 현주 씨가 문제를 철저히 그녀의 관점에서 바라보며 자신의 감정을 정리했다.

현주 씨는 상담을 통해 자신이 상사에게 과도한 반응을 보이는 이유를 이해하기 시작했다. 그녀는 "상사가 저를 무시한다고 느꼈던 건, 사실 아버지가 저를 존중하지 않았다는 기억이 떠오른 거였

어요. 상사는 제게 과거의 감정을 다시 느끼게 만든 거였네요"라며 통찰을 얻었다. 상담사는 현주 씨에게 감정의 주체성을 되찾도록 도왔다. 현주 씨는 상사와의 갈등 상황에서 느끼는 불안을 기록하며, 감정을 스스로 분석하고 관리하는 기술을 익혀 갔다.

위 사례에서 보듯 상담사의 역전이 관리는 상담 과정의 질을 높이는 데 중요한 역할을 한다. 내담자와 상담사가 투사와 역전이를 제대로 인식하고 다룰 수 있을 때, 그 과정은 단순한 문제 해결을 넘어 깊은 치유와 성장을 가능하게 한다. 현주 씨는 자신이 과거 경험을 현재 관계에 투사했음을 깨닫고, 감정을 더 건강하게 다룰 수 있는 힘을 얻게 되었다. 상담사는 이를 도우며 내담자가 감정을 통찰하고 새로운 관계 방식을 모색할 수 있도록 지원했다. 이 사례는 상담사와 내담자가 함께 성장하며 역전이와 투사를 치유적으로 활용한 사례이다.

상담사가 내담자로 인해 역전이를 경험할 때 다음과 같은 개입 방안으로 해결할 수 있다.

상담사 자신의 감정에 직면하기
상담사는 자신이 내담자에게 품은 감정을 솔직히 인정해야 한다. 이는 상담사도 인간이기에 가능한 현상이지만, 전문적 관계를 유지하기 위해 반드시 다뤄야 한다. 이를 위해 슈퍼비전이나 동료 상담사와의 논의를 통해 감정의 뿌리를 탐구해야 한다.

관계의 경계 회복

상담사는 내담자와의 관계에서 윤리적 경계를 재설정해야 한다. 상담 초기의 계약을 상기시키며, 상담 관계를 다시 치료적 틀 안으로 되돌릴 필요가 있다. 필요한 경우, 내담자의 동의를 받아 다른 상담사에게 의뢰하는 것도 고려될 수 있다.

내담자의 감정 이해를 촉진하는 개입

내담자가 상담사에게 느끼는 감정이 상담 상황에서 발생한 전이임을 내담자 스스로 이해하도록 도와야 한다. 상담사는 내담자가 지금 느끼는 감정이 과거에 관계 경험에서 비롯된 것일 수 있음을 알아차릴 수 있도록 도와야 한다.

자신의 과거 상처 탐구

상담사는 자신의 과거 상처가 내담자와의 관계에 어떤 영향을 미쳤는지 탐구해야 한다. 이를 위해 자기 성찰이나 개인 치료를 병행하여 자신의 감정을 치유해야 한다.

윤리적 의무를 인식하기

상담사는 윤리적 원칙을 철저히 준수해야 하며, 이를 벗어나지 않도록 노력해야 한다. 상담 관계에서 발생할 수 있는 윤리적 문제를 해결하는 것이 최우선이다.

상담의 초점 재설정

내담자의 갈등 해결이라는 원래 목표로 상담을 다시 초점화해야 한다. 내담자가 대상 관계에서 소통 방식, 갈등 관리 기술, 애정 표현법 등을 가르치는 구체적 실습을 도입해야 한다.

불안 잘 데리고 살기

"불안은 사라지지 않지만, 달라질 수는 있다. 그 변화의 이름이 바로 성장이다."

● 염두연

불안을 효율적으로 다루는 5가지 방법

불안은 우리의 삶에서 피할 수 없는 감정이다. 하지만 이를 잘 다스린다면, 불안은 오히려 성장과 자기 이해의 계기가 될 수도 있다. 인생길에서 원치 않는 불안을 마주할 때마다 불안을 잘 데리고 사는 법을 정리해보자.

1. 불안을 이해하고 인정하기

전략 | 불안을 없애려고 하지 말고, 그것을 자연스러운 감정으로 받아들인다.

행동 TIP |
✔ 불안이 느껴질 때, '나는 지금 불안을 느끼고 있구나.'라고 말하며 감정을 인정한다.

- ✔불안을 억누르려 하기보다는, 그것이 보내는 신호를 분석한다. ('이 불안이 나에게 무엇을 말해주는 걸까?')
- ✔명상이나 일기 쓰기를 통해 불안을 시각화하고, 그 감정을 구체적으로 표현한다.

"불안은 우리가 성장해야 할 방향을 가리키는 나침반이다."

롤로 메이

2. 현실과 이상 사이에서 균형 잡기

전략 | 기대치를 조절하고, 현실을 있는 그대로 받아들이는 법을 배운다.

행동 TIP |
- ✔'완벽한 삶'이라는 환상을 버리고, 현실에서 할 수 있는 것과 할 수 없는 것을 구분한다.
- ✔'지금 순간에 집중하기' 연습하며, 현재 할 수 있는 작은 행동이 무엇인지 생각한다.
- ✔감사 일기를 작성하며, 지금 가진 것에 대한 만족감을 키운다.

"행복한 삶을 원한다면 기대치를 줄이고 감사하는 법을 배워라."

달라이 라마

3. 불안을 생산적인 에너지로 전환하기

전략 | 불안을 성장의 동력으로 활용한다.

행동 TIP |

- ✔ 불안을 느낄 때, 그것을 '나는 이 상황을 중요하게 생각하고 있다'라는 신호로 해석한다.
- ✔ 불안이 드는 순간, 행동으로 전환할 수 있는 작은 목표를 세운다.
  - 예) 시험이 불안하다 → 하루 30분씩 공부 플랜을 세운다.
  - 예) 인간관계가 걱정된다 → 내가 먼저 작은 친절을 베푼다.
- ✔ 운동, 글쓰기, 미술, 명상 같은 활동을 통해 불안을 표현하고 방출하여 밖으로 내보낸다.

"불안을 행동으로 바꾸면 자신감이 따라온다."

윌리엄 제임스

4. 관계 속에서 지지받기

전략 | 신뢰할 수 있는 사람과 감정을 나누고, 공감받는 경험을 만든다.

행동 TIP |

- ✔ 신뢰할 수 있는 친구나 가족에게 '나 지금 불안해'라고 솔직

하게 말한다.
- ✔ 공감받는 경험이 중요하므로, '넌 왜 그렇게 걱정해?'라고 말하는 사람이 아니라, '그럴 수도 있지'라고 말해줄 수 있는 사람과 대화한다.
- ✔ 필요하면 전문가(상담사, 코치)와의 상담을 통해 불안의 원인을 깊이 탐색한다.

"행복한 삶은 좋은 인간관계 속에서 꽃핀다."

하버드 성인 발달 연구

5. 자기 자신을 돌보는 습관 기르기

전략 | 불안을 줄이는 건강한 루틴을 만들고, 규칙적인 생활을 유지한다.

행동 TIP |
- ✔ 규칙적인 운동(특히 요가, 스트레칭, 산책)으로 몸과 마음을 정화한다.
- ✔ 스마트폰, 뉴스, 소셜미디어 사용을 줄이고, '디지털 디톡스' 시간을 가진다.
- ✔ 수면 패턴을 일정하게 유지하며, 하루 7~8시간 숙면을 취한다.
- ✔ 건강한 식습관을 유지하며, 카페인과 알코올 섭취를 줄인다.

> "신체적 건강이 정신적 건강을 만든다."
>
> 아리스토텔레스

불안과 건강하게 공존하기 위한 8가지 불안 관리법

불안은 인생의 다양한 측면에서 발생하며, 이와 함께 성장하고 발전하는 과정은 삶의 중요한 지혜로 이어진다. 불안을 피하기보다는 이를 이해하고 수용하며, 인생의 일부로서 관리하는 법을 배우는 것은 삶의 지혜를 터득하는 데 핵심적인 요소다. 불안을 관리하는 지혜로운 접근법을 통해 우리는 더 풍요롭고 의미 있는 삶을 살 수 있다.

1. 불안을 지혜의 스승으로 받아들이기

불안은 삶에서 피할 수 없는 감정이지만, 이를 부정적으로만 보지 않고, 성장의 기회로 받아들이는 것이 중요하다. 불안은 우리의 내면을 들여다보게 하고, 자신과 삶의 상황을 더 깊이 이해하게 만드는 계기가 될 수 있다. 따라서 불안을 무조건 억누르거나 회피하는 대신, 그 원인과 의미를 탐구하려는 태도를 기른다. 불안을 통해 우리는 자신이 무엇을 두려워하고, 어떤 부분에서 성장해야 하는지를 깨달을 수 있다. 불안이 주는 교훈을 받아들이는 것도 중요한 방법이다. 불안은 종종 우리가 아직 해결하지 못한 문제나 삶의 영역을 지적하는 신호일 수 있다. 이를 통해 우리는 더 나은 선택과 행동을 할 수 있게 된다.

2. 현재 순간에 집중하기

현재 순간에 집중하는 것은 불안 관리에 있어 중요한 지혜 중 하나다. 미래에 대한 걱정이나 과거의 후회는 불안을 증폭시킬 수 있지만, 현재에 몰입하는 것은 불안을 줄이고 내면의 평화를 찾는 데 도움을 준다. 그러기 위해 마음챙김을 실천해본다. 현재 순간에 집중하는 마음챙김 연습을 통해 불안에서 벗어날 수 있다. 예를 들어, 차 한 잔을 마실 때 그 순간의 감각에 집중하거나, 산책하면서 주변의 소리에 귀 기울이는 것은 불안을 줄이고, 현재의 순간을 더 깊이 경험하게 만든다. 일상에서 작은 일에 몰입하는 것 또한 불안을 관리하는 데 효과적이다. 요리, 정리 정돈, 손으로 무언가를 만드는 작업은 현재에 집중하게 하며, 불안으로부터 벗어나도록 돕는다.

3. 균형 잡힌 삶의 유지

삶의 균형을 유지하는 것은 불안 관리에 있어 핵심적인 요소다. 정신적, 신체적, 정서적 균형을 이루는 것은 불안을 예방하고, 더 건강한 삶을 살게 한다. 일과 개인 생활 사이의 균형을 유지하는 것은 불안을 줄이는 데 중요하다. 과도한 업무 부담이나 지나친 완벽주의는 불안을 초래할 수 있으므로, 일정한 휴식과 재충전의 시간을 가지는 것이 필요하다. 또 규칙적인 운동, 건강한 식습관, 충분한 수면 등의 신체관리는 불안 관리를 위한 기본적인 요소다. 정신적 건강을 유지하기 위해 명상, 독서, 취미 활동 등 자신을 돌보는 시간을 가지는 것이 중요하다.

4. 불확실성을 받아들이는 법 배우기

불확실성은 불안의 주요 원인 중 하나다. 그러나 불확실성은 인생의 한 부분이며, 이를 완전히 통제할 수 없다는 것을 인정하고 받아들이는 것이 필요하다. 그러기 위해 불확실성에 대한 저항을 줄이고, 변화와 예상치 못한 상황을 자연스럽게 받아들이는 연습을 한다. 고정된 사고방식 대신, 유연한 사고방식을 키우는 것이 큰 도움이 된다. 예를 들어, 계획이 변경되거나 예상치 못한 일이 발생할 때, 이를 부정적으로만 보지 않고, 새로운 기회로 여기는 태도를 기른다.

5. 자기 연민 Self-Compassion과 긍정적 자기 대화

자기 연민은 불안을 관리하는 데 있어 중요한 도구다. 자신에게 친절하고, 불안을 느낄 때 스스로를 비난하지 않으며, 긍정적인 자기 대화를 통해 자신을 지지하는 것이 필요하다. 즉 불안을 느낄 때 자신을 비난하는 대신 마치 친구를 대하듯 자신을 이해하고 위로해 주는 것이 중요하다. "나는 괜찮아질 거야." "이것도 지나갈 거야."와 같은 긍정적인 자기 대화를 통해 불안을 관리할 수도 있다. 자신에게 긍정적인 메시지를 전달하는 것은 불안 완화에 큰 도움이 된다.

6. 감사하는 마음 기르기

감사는 불안을 줄이고 긍정적인 심리 상태를 유지하는 데 도움을 준다. 매일의 삶에서 감사할 일들을 찾고, 이를 마음에 새기는 것은 불안을 줄이는 지혜로운 방법이다. 매일 감사한 일이나 순간을 기록하는 감사 일기를 작성하는 것도 좋은 팁이 될 수 있다. 이는 불안을 완화하고, 긍정적인 심리 상태를 유지하는 데 도움을 준다. 또 주변 사람들에게 감사하는 마음을 자주 표현하는 것도 중요하다. 감사하는 태도는 긍정적인 에너지를 전파하고, 불안을 줄이는 데 기여할 수 있다.

7. 의미 있는 삶 추구

의미 있는 삶을 추구하는 것은 불안을 관리하고 삶의 만족도를 높이는 중요한 방법이다. 삶의 목적과 의미를 찾는 과정은 불안에서 벗어나 더 큰 목표를 향해 나아가도록 돕는다. 자신의 삶에서 중요한 가치와 목적은 무엇인가? 자신이 진정으로 열정을 느끼는 일이나 가치 있는 목표를 설정하고, 이를 위해 노력하는 과정에서 불안은 줄어들고, 더 큰 만족감을 얻게 된다. 봉사와 기여도 좋은 방법이다. 다른 사람을 돕거나 사회에 기여하는 활동은 삶의 의미를 강화하고, 불안을 줄이는 데 효과적이다. 봉사 활동이나 자선 활동은 자신의 문제를 객관적으로 바라보게 하고, 불안을 극복할 수 있는 내적 힘을 길러준다.

8. 불안에서 배움과 성장을 찾기

불안은 우리에게 도전을 제시하지만, 그 도전 속에서 배움과 성장을 찾는 것은 삶의 지혜를 쌓는 중요한 방법이다. 불안은 우리가 성장할 수 있는 기회를 제공하며, 이를 통해 더 성숙한 자신을 발견할 수 있다. 따라서 불안을 도전으로 받아들이고, 이를 통해 자신을 시험하고 성장할 수 있는 기회로 여기자. 불안 상황에서 벗어나려 하기보다는, 그 상황을 통해 얻을 수 있는 배움과 성장을 추구하는 것이다. 이를 위해 불안을 경험한 후, 그 경험에서 무엇을 배웠는지 성찰하는 시간을 갖는다. 이러한 시간은 불안이 단순히 부정적인 경험이 아니라, 자신을 더 깊이 이해하고 발전시킬 수 있는 기회임을 깨닫게 해준다.

불안을 관리하는 것은 단순히 불편한 감정을 없애는 것이 아니라, 더 깊은 삶의 지혜를 얻는 과정이다. 불안을 성장의 도구로 삼고, 이를 통해 삶의 의미와 목적을 찾으며, 현재의 순간에 집중하고 감사하는 마음을 기르는 것은 불안과 건강하게 공존할 수 있는 방법이다. 이와 같은 지혜로운 접근법을 통해 우리는 불안을 넘어 더 성숙하고 만족스러운 삶을 살아갈 수 있다.

에필로그

불안의 탐구,
자기다움을 찾아가는
아름다운 여정

긴 시간 이 책을 집필하며 나는 내 내면의 불안과 더 깊이 마주하게 되었다. 불안은 단순히 우리를 힘들게 만드는 부정적인 감정만이 아니라는 사실, 나아가 그것이 우리 삶의 중요한 도구가 될 수 있음을 다시 한 번 들여다볼 수 있었다. 나는 다양한 렌즈 즉 철학, 심리학, 문학, 예술, 그리고 사회적 맥락을 통해 불안이라는 주제를 살펴보면서, 불안 자체가 우리에게 던지는 질문에 대해 짚어볼 수 있었다. 인간은 참으로 긴 시간 동안 불안을 탐구해왔고, 그 감정을 다양한 도구를 통해 표현함으로써 성숙해져 왔다는 사실에 감동하는 시간이었다.

불안은 인간의 삶에서 떼려야 뗄 수 없는 동반자이다. 불안은 우리가 스스로를 돌아보고, 내면의 진실과 직면하며, 더 나은 삶을 추구하도록 이끄는 중요한 요소다. 나는 이 책을 읽는 여정을 통해 독자들이 불안을 억제하고 회피하는 대신, 그것을 이해하고, 받아들이며, 심지어 활용할 수 있다는 사실을 이해하고 받아들였기를 소망한다. 불안은 때로는 경고 신호로, 때로는 창의적 영감으로, 그리고 무엇보다도 성장의 기회로 작용한다는 것을. 우리가 그것을 어떻게 다루느냐에 따라 불안은 우리에게 극도의 고립감과 압박감, 고통을 안겨주기도 하지만 우리를 성장시키는 자극으로써의 역할을 할 수 있다는 것을 깨달았기를.

불안과의 공존은 결국 자신과의 대화에서 시작된다. 이 대화를 통해 우리는 자신의 두려움과 욕망을 이해하고, 불확실성 속에서도 내면의 평화를 찾을 수 있다. 이 과정은 우리를 좀 더 강인하고 지혜로운 존재로 변화시킨다. 불안을 통해 우리는 삶의 본질을 더욱 깊이 이해하게 되고, 이를 통해 더 나은 미래를 꿈꿀 수 있다. 미래는 불확실하지만, 그 불확실성 속에서 우리는 자신만의 길을 찾아갈 수 있다. 불안은 그 여정에서 우리의 동반자이며, 때로는 우리를 더 나은 곳으로 이끄는 안내자가 될 것이다.

이 책을 통해 독자들이 불안을 수용하고, 그것을 삶의 일부로 삼아 더 큰 지혜와 평화를 찾을 수 있기를 바란다. 이제, 불안과 함께 하는 더 나은 내일을 향해 걷는 길이 '자기다움'을 찾아가는 행복한 내면 여정이 되기를, 간절히 기도한다.